こども あんぜん図鑑

【監修】危機管理アドバイザー **国崎信江**

講談社

こどもあんぜん図鑑 もくじ

🩹 3つのステップで楽しく学ぼう ……………… 6

交通安全

おはなし
- 道を安全にわたろう …………… 8
- 横断歩道のまわりを見てみよう …………… 12

道路を歩く
- 横断歩道をわたろう！ …………… 14
- あぶないのはどんな場所？ …………… 16
- 車に注意しよう！ …………… 18

自転車に乗る
- 自転車のこと知ってる？ …………… 20
- 道を走るときのルール …………… 22
- 自転車が走る場所 …………… 24
- 交通事故を起こさないために …………… 26

車に乗る
- 車の事故から身を守ろう …………… 28

電車やバスに乗る
- 公共の乗り物、ルールとマナー …………… 30

モノしり 道路標識大集合！ …………… 32

生活安全

 おはなし

| 川で楽しく遊ぼう | 34 |
| 遊ぶときのやくそく | 38 |

遊び
- 公園や広場で遊ぶとき ……… 40
- プールで遊ぶとき ……… 42
- 川や海で遊ぶとき ……… 44
- 遊んではいけない場所はどこ？ ……… 46

モノしり
- きけんな植物 ……… 47
- きけんな生き物 ……… 48

家にいるとき
- あぶないのはどこ？ ……… 50
- 火を安全に使うには？ ……… 52

エスカレーターに乗るとき
- あぶないことをしているのはだれ？ ……… 54

モノしり
- けがの手当てのしかた ……… 56

病気をふせぐ
- あれ？ 病気かな？ ……… 58
- どうして病気になるのかな？ ……… 60
- 病気のもとはどこから入る？ ……… 62
- 食事は元気のもと！ ……… 64
- 元気な歯で食事をしよう！ ……… 66

防災

 おはなし

| 地震が起きたら | 68 |
| 災害にそなえよう | 72 |

地震	地震から身を守ろう	74
	ゆれがおさまっても、ゆだんしない	76
	地震のときのやくそくを決めておこう	78
	地震のあとのくらし	80
火事	火事が起きたらすばやい行動が大切	82
津波	津波から身を守ろう	84
強い雨	強い雨にそなえよう	86
	かみなりから身を守ろう	88
	土砂災害から身を守ろう	90
強い風	台風にそなえよう	92
	竜巻から身を守ろう	94
大雪	大雪から身を守ろう	96
火山	火山の噴火にそなえよう	98

もしものときにそなえよう … 100

防犯

おはなし	知らない人に話しかけられたら	102
	知らない人と話すとき	106
犯罪が起こる場所	こわい目にあいやすい場所は？	108
道路	道路を歩いているとき	110
トイレ	トイレを使うとき	112
デパートや遊園地など	まいごになったらどうする？	114
	たくさんの人が集まる場所	116
げんかん・エレベーター	家に入るとき	118
家の中	るすばんをするとき	120
家の外	こわい！と感じたら	122
携帯電話・スマートフォン	防犯に役立つ！携帯電話・スマートフォン	124

- おうちの方へ ……………… 126
- さくいん ……………… 128

ワークシートがダウンロードできます！
本書を読んだあとに、使ってみてください。
本の内容が、さらにしっかりと身につきます。
http://ehon.kodansha.co.jp/anzen/

3つのステップで楽しく学ぼう

この本では、事故や病気、災害、犯罪などから、身を守るための方法をしょうかいしているよ。おはなしやイラストを見ながら、楽しく学ぼう。

1 あぶない場面をおはなしで体験！

うさぎのきょうだい、アンとゼニーがピンチをのりこえながら、身を守るために大切なことを学んでいくおはなしだよ。

おはなしに出てくるよ！

アン
しっかりもののお姉さん。弟のゼニーを、いつも心配している。

ゼニー
アンの弟。おっちょこちょいで、よくあぶない目にあってしまう。

アンとゼニーがあぶない目に！身を守るにはどうすればいいの？

かいせつのページ

身を守るためのポイントを、おはなしのテーマにそってまとめているよ。おはなしのあとに読んでね。

❷ 安全のきほんをイラストで学ぶ

安全を守るポイントや、なぜあぶないことが起きるのかを、イラストでわかりやすくせつめいしているよ。

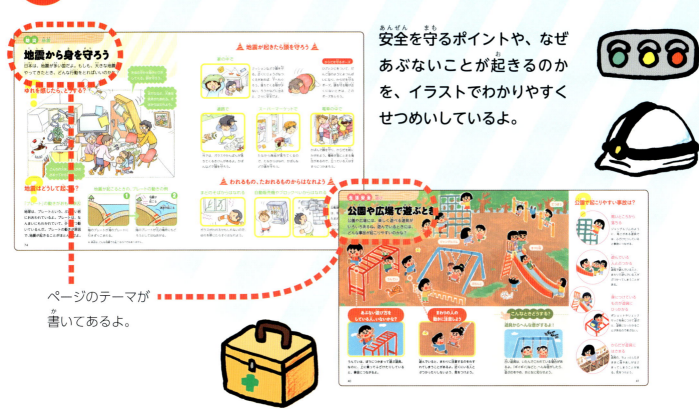

ページのテーマが書いてあるよ。

❸ 「モノしり」を読んで安全はかせに

安全のきほんにくわえて、さらに知っておきたいことをまとめたページだよ。

交通安全

おはなし
道を安全にわたろう

おーい、ちょうちょうさん待ってー

うさぎのきょうだい、アンとゼニーが、原っぱで遊んでいます。

おはなしのポイント

子どもは、興味のある物が近くにあったり、遊びに夢中になったりしていると、つい、まわりのようすに気を配ることを忘れてしまいます。飛び出してはいけない、前方をよく確認する、信号無視をしないなど、基本的な交通ルールを習慣として身につけたいですね。

たいへん！　ゼニーが道路にとびだしてしまいました！

横断歩道のまわりを見てみよう

車と人がぶつからないようにつくられたのが、横断歩道だよ。
横断歩道のまわりには、このほかにも安全を守るしくみがいっぱい。

横断歩道

歩行者が、車道を安全にわたることができるようにつくられた場所。白い線が、しましまに引かれているよ。

車道と歩道

歩く人と、車が走る道は分かれているよ。歩く人のための道は「歩道」、車のための道は「車道」というんだ。

信号機

信号機は、車と歩く人の交通を整理するもの。車や人に、「進んでよい」や「止まれ」などの合図を送る機械だよ。歩く人が見る信号機と、車やバイクが見る信号機とでは、色の数や種類がちがうんだ。

車やバイクが見る信号機

赤は「止まれ」

黄は「進んではいけない」

青は「進んでよい」

車やバイクが見る信号機は、赤・黄・青の3色。

歩く人が見る信号機

青は「進んでよい」

赤は「止まれ」

歩く人が見る信号機は、青と赤の2色。

おしボタンがある信号機

歩く人が見る信号機についている。ボタンをおすと、車やバイクが見る信号機が赤になって、歩く人が横断できるようになる。

道路標識

道路標識は、道路上のルールやあぶない場所などを知らせるかんばん。どんな意味があるのか知って、安全に道を歩こう。

道路標識は、絵やかんたんなことばで意味がつたわるように、くふうされている。色にも意味がある。

➡32〜33ページも見てね

交通安全 道路を歩く

横断歩道をわたろう！

道をわたるときに、交通事故が起きやすいって知っている？
まわりにいる車や自転車のようすを見ながら、気をつけてわたろうね。

走ると、まわりのようすがよく見えないからあぶないよ。

横断歩道をわたらないとだめ？

近くにあれば、横断歩道をかならずわたろう

横断歩道がない場所では、車は人がわたると思わずスピードを出してくるかもしれない。交通事故にあわないよう、横断歩道をわたろう。

どうして手をあげてわたるの？

車に横断の合図を送るよ

手をあげるのは、車に「これからわたります」と合図するため。遠くにいる車や、トラックのように大きな車からもよく見えるように、手をあげて道をわたろう。

横断歩道のわたり方

1 信号が青にかわるのを待つ。歩道のすぐ近くを走ってくる車がいるとあぶないので、車道から3歩はなれた場所に立って待とう。

2 信号が青にかわっても、すぐに歩きはじめずに、右を見て、左を見て、もう一度右を見て、車が走ってきていないかをたしかめる。

3 手をあげてわたろう。横断している間も、車が走ってこないか、まわりのようすに注意しよう。

こんなときどうする？

青信号がチカチカ光っているよ！

青信号がチカチカ光るのは、もうすぐ赤信号にかわる合図。わたってはいけないよ。わたっている間にチカチカ光りはじめたら、急いでのこりをわたろう。

横断歩道に信号がないよ！

まず手をあげて、「これから横断します」と合図を送ろう。車が止まったことをたしかめてから、道をわたるよ。横断している間も車やバイクが来ないか、まわりをよく見てね。

交通安全 道路を歩く

あぶないのはどんな場所？

いつも歩いている道にも、事故にあいやすいきけんな場所があるよ。どんなところかな？

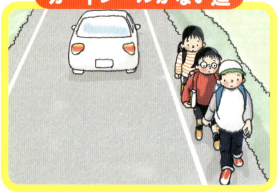

ガードレールがない道

車が急に歩道へ近づいてくるかもしれない。ガードレールがない道では、できるだけ車道からはなれた場所を歩こう。

曲がり角

曲がり角からとびだすと、あぶない！　道を曲がる前に、かならず一度止まって、車が来ないかたしかめよう。

友だちがよんでいるからといって、車道へとびだすのは、あぶないよ。車は、とびだした人がいても、急に止まることができない。道をわたるときは、かならず一度止まって、まわりのようすをたしかめよう。

歩道がない道

歩道がない道は、車が人の近くを通るよ。あぶないので、できるだけ車が通る場所からはなれて歩こう。

いろいろな「止まれ」の目じるし

「止まれ」のマークや標識を見つけたら、かならず一度止まって、安全をたしかめよう。目じるしがない場所でも、車が来ないかよく見てね。

交通安全 道路を歩く

車に注意しよう！

車はとまっているときでも、急にドアがあいたり、動いたりすることがあるよ。車のそばに行くときは注意しよう。

運転している人は、車のうしろにいる男の子に気がついているのかな？このまま車がうしろに下がったらたいへん！

車のそばで遊んではだめ！

車の運転席からは、外のようすが見えにくいんだ。だから、車のそばで遊んではだめだよ。とくにちゅうしゃ場など、車がよく出入りする場所ではぜったいに遊ばないようにしよう。

⚠️ 車の中からは外が見えにくい!? ⚠️

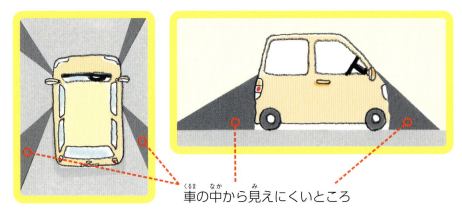

車の中から見えにくいところ

車が曲がるときのとくちょう、知っている？

車が曲がるときは合図が出るよ

車には「ウィンカー」というランプがついている。車が進む方向をかえるときは、ウィンカーをピカピカ光らせて、右と左、どちらに進むか合図するんだ。

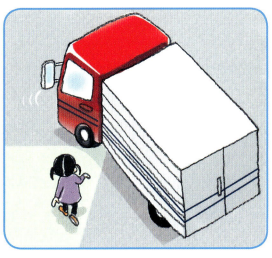

曲がるとき、まきこみ事故が起こりやすい

車は、角を曲がるときに、歩道を歩く人をまきこんでしまうことがある。あぶない目にあわないように、車道から十分はなれたところを歩くようにしよう。

とまっている車の向こうがわにも注意

ちゅうしゃ場や道路を歩くときは、とまっている車の向こうがわにも注意しよう。車のかげから、べつの車が走ってくるかもしれないよ。

夕方や夜は、明るい色の服を着よう

暗い色の服は、まわりが暗いと、けしきにとけこんで、車から見えにくい。夕方や夜は、車からもわかる、明るい色の服を着よう。また、「はんしゃざい」は、車のライトが当たるとキラキラ光り、歩行者がいることを車に知らせるよ。くつやかばんについていると、安心だ。

明るい色の服のほうが目立つ！

暗い中で、光るはんしゃざい。

はんしゃざい

交通安全 自転車に乗る

自転車のこと知ってる？

自転車に乗れると、遠くまで行けて楽しいね！
まず、しくみや正しい乗り方をおぼえよう。

乗る前にてんけんするのはどんなところ？

タイヤ

空気の量は、タイヤを手で強くおして、少しへこむくらいにしよう。

ブレーキ

左右のブレーキレバーをぎゅっとにぎり、手ごたえがあるか、かくにん。

ハンドル

曲がったり、ぐらぐらしたりしていないか、たしかめよう。

ライト

あかりがつくかたしかめて、つかなくなっていたら取りかえる。

🚧 自転車に乗るしせい 🚧

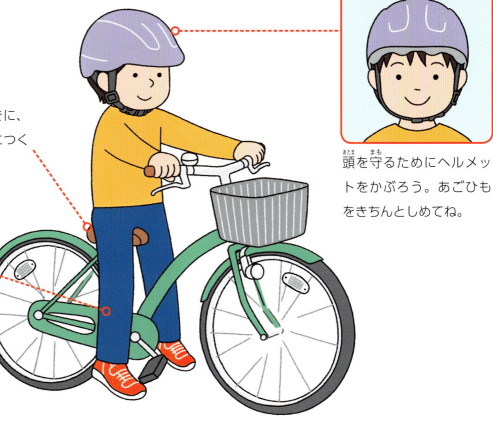

ヘルメット

頭を守るためにヘルメットをかぶろう。あごひもをきちんとしめてね。

サドルは、すわったときに、あしのうらが半分地面につくくらいの高さにしよう。

動きやすいズボンで乗ろう。スカートや、すその広いズボンだと、タイヤにまきこまれることがあるので、あぶない。

🚧 乗るとき、わすれないようにしよう 🚧

暗くなってきたらライトをつけよう

まわりのようすが見えやすいように、ライトをつける。ライトをつけていると、車や歩行者に、自転車がどこにいるか知らせることができる。

とめるときはカギをかけよう

自転車をとめておくときは、ぬすまれないように、ふぞくのカギのほかに、チェーンやワイヤータイプのカギをかけると、より安全だ。

交通安全 自転車に乗る

道を走るときのルール

自転車のしくみや乗り方がわかったら、道を走るときに気をつけたいことを知っておこう。

自転車は車のなかま？

自転車は車のなかま、「車両」

交通ルールで、自転車やバイクは車のなかま、「車両」とされているよ。車両は、歩行者の安全をいちばんに考えて、交通ルールを守らなくてはいけない。交通ルールを守らなかった場合は、子どもも罰金※などの罰を受けるよ。

※罰金とは、ルールを守らなかった罰として、しはらわなければならないお金のことです。

⚠️ 交通ルールで禁止されている乗り方 ⚠️

歩行者の安全を守るために、自転車が禁止されている乗り方の例だよ。
守らなかった場合は、子どもでも罰せられるんだ。

✗ 曲がり角で止まらずに走る

歩行者や車にぶつからないように、曲がり角ではかならず一度止まって、まわりのようすを見よう。

✗ スピードを出して走る

すぐに止まれるはやさで走ろう。

スピードを出していると、止まれない。歩行者や車を見つけたときに、すぐ止まれるはやさで走ろう。

✗ 横にならんで走る

横にならんで走ると、道をふさいで、ほかの人のじゃまになる。たて1列で走ろう。

✗ ふたり乗りをする

自転車がぐらぐらしてあぶない。前後に人を乗せて走ってはだめだよ。

✗ かた手で運転をする

かた方のハンドルを持つだけだとぐらぐらして不安定だ。両方のハンドルをにぎって走ろう。

交通安全 自転車に乗る

自転車が走る場所

道路や横断歩道で、自転車はどこを走ればいいのかな？
じつは、交通ルールできちんと決められているんだよ。

歩行者はしましまの横断歩道、自転車はその横を通っているよ。

自転車マークのついた通路がある。

横断歩道はどうやってわたるの？

自転車を引いてわたろう
横断歩道は歩く人のための通路なので、自転車を引いて、歩いてわたろう。

自転車マークの通路は、乗ったまま
自転車マークのついた通路がある場合、通路の上を乗ったままわたる。まわりの車や歩行者に注意して進もう。

🚧 自転車マークの通路は「自転車横断帯」🚧

自転車が横断するための道、自転車横断帯のしるしだよ。自転車横断帯がある場合、自転車はかならずここを通らなくてはいけないんだ。

自転車横断帯を表す道路標識。

❓ 自転車が走るのは車道？ 歩道？

自転車は車道を走るのがきまり

自転車は車道を走るのがきまりだよ。でも、13歳になるまでは歩道を走ることができるんだ。歩道を走るときは、車道がわをゆっくり走ろう。

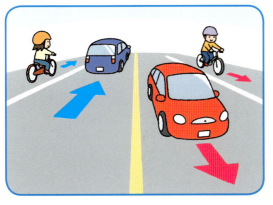

車道では、自転車は道路の左がわを走る

自転車が車道を走るときは、道路の左がわを通るのがきまりだよ。車と同じ方向に進むんだ。

✋ 自転車のための道路もある

歩道や車道に、自転車のマークや「自転車専用」の文字が大きく書かれていたら、それは自転車用の道の目じるしだよ。その場合は、目じるしのある場所を走ろう。

交通安全　自転車に乗る

交通事故を起こさないために

自転車と歩行者の間で起きる事故がふえているよ。悲しい事故をふせぐには、どんなことに気をつければよいのかな？

交通事故の原因は？

交通ルールをやぶることが、交通事故につながる

小学生が起こす自転車事故の原因は、スピードの出しすぎや信号無視など、交通ルールを守らなかったことがほとんど。なかには、相手に大けがをおわせてしまうような自転車事故も起きているんだ。

曲がり角で一度止まって、歩行者がいないか見ていれば、交通事故にならなかったかもしれないね。

交通事故を起こしてしまったら

交通事故を起こしてしまったときは、まず、相手と自分にけががないかどうかたしかめよう。けがをしているようなら、近くのおとなに助けをもとめよう。歩行者にけがをおわせてしまった場合は、自転車を運転していたのが子どもでも、つぐなわなければならない。悲しい事故は、ぜったいに起こさないようにしよう。

自転車での事故やけがにそなえて、家族と相談して「自転車ほけん」に入ろう。

➡126ページも見てね

自転車による交通事故が起きやすい場所

曲がり角

曲がり角を曲がるときは、かならず一度止まって、まわりに歩行者や車がいないか、たしかめよう。

坂道

坂道は、スピードが出やすいので、自転車が事故を起こしやすい。坂を下るときは、自転車からおりて、引いて進もう。

暗い道

暗い道では歩行者のすがたが見えにくい。歩行者との事故をふせぐためにも、まわりが暗くなってきたら、かならずライトをつけよう。

交通安全 車に乗る

車の事故から身を守ろう

車で出かけるのは、楽しいね。車に乗っているとき、乗りおりするとき、こんなことに気をつけよう。

シートベルトはおとなも使える長さ。子どもは、身長に合わせて、チャイルドシートやジュニアシートを使おう。

エンジンが切られ、クーラーが止まると、夏は短時間で車の中の温度が上がる。病気になることもあるので、家の人がおりるときは、車の中にのこらない。

❓ シートベルトをちゃんとつけられているかな？

かた

かたのまん中にかけ、首やあごに当たらないようにする。

こし

おなかではなく、こしぼねのところにかける。

ねじれていない？

ベルトがたるんだり、ねじれたりしないようにつける。

⚠️ シートベルトをつけないと、交通事故のとき大けがに！ ⚠️

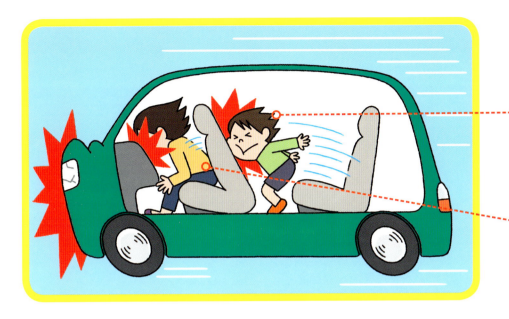

事故にあったとき、前の席やてんじょう、ドアにはげしくぶつかってしまう。車の外にからだがなげだされることもある。

うしろにすわっている人におされて、前にすわっている人が大けがをしてしまう場合もある。

⚠️ きけんな乗り方 ⚠️

サンルーフやまどから、からだを出す

車はスピードを出して走っている。そのため、サンルーフやまどから頭や手を出していると、木やかんばんに当たったとき、大けがとなるよ。車が走っているときは、外にからだを出すのはぜったいにやめよう。

まわりを見ずにドアをあける

急にドアをあけると、外の人に当たってしまうかもしれない。まわりのようすをよく見てからあけよう。

> ドアのあけしめで、指をはさむ事故も多い。注意しよう。

交通安全　電車やバスに乗る

公共の乗り物、ルールとマナー

バスや電車に乗って、出発！　公共の乗り物を安全に、気持ちよく利用するために、気をつけたいのはどんなことかな？

⚠️ 電車に乗るとき ⚠️

スマートフォンなど、何かを見ながら歩くのはやめよう。

プラットホームにすわっていると、ほかの人のめいわくになる。

線路に近づかない

線路に近づくと、電車にぶつかるかもしれず、あぶない。線路に近づかないように、黄色の線、または白線の内がわを歩こう。

走らない

走って、ほかの人にぶつかると、線路に落ちたり、電車とぶつかる事故のもと。人が多い場所では、とくに注意しよう。

バスに乗るとき

乗っている間はあまり動かない

バスが急に止まることがあるので、席を立ったり、ふざけたりしない。立って乗るときは手すりをつかもう。車内がこんでいたら、リュックサックはせなかではなく、前にかけよう。

乗りおりするときはまわりに注意

バス乗り場は、歩道や車道のそばにある。乗りおりするときは道路を歩く人や、走ってくる自転車などがいないか、たしかめよう。

こんなときどうする？

電車やバスがおくれたら

電車やバスが予定よりもおくれたときは、家族や学校にれんらくをしよう。

近くの公衆電話かられんらくして、ちこくすることをつたえる。

電車やバスが、長時間とまるときは、駅員や交番にそうだんしよう。

ふみきりのそば

電車の線路と車道が交わるところに、ふみきりがあるよ。ふみきりは、電車と車が通る場所なので、近くで遊ぶのは、あぶない。また、電車がふみきりを通るときは「カンカン」と音がして、しゃだんきがおりる。しゃだんきをくぐるのも、ぜったいにやめよう。

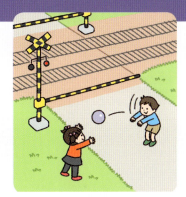

そばで遊んではだめ！

しゃだんきをくぐってはだめ！

交通安全

道路標識

標識の色に注目!

標識の色には、意味があるよ。それぞれ、どんな意味があるのか見てみよう。

赤
きけんがある場所や、してはいけないことなどを表す。

黄
注意しなければいけないことや、場所などを表す。

青
その場所でできることや、きまりなどを表す。

赤 の標識

一時停止
一度止まって、安全をたしかめること。

通行止め（通行止）
人も、乗り物も通ってはいけない。

自転車通行止め
自転車に乗ったまま通ってはいけない。

車両進入禁止
車などは、入ってはいけない。

駐車禁止
車などを5分以上とめたり、はなれたりしてはいけない。

歩行者通行止め
歩行者は通ることができない。

横断禁止
歩行者は横断してはいけない。

同じ色のなかま

赤は、人の目を引く、力強い色。ポストや消防車も、同じ色だね。

大集合！

道路にある、いろいろな標識を集めたよ。見たことのある標識はあるかな？

黄の標識

学校、ようち園、保育所などあり
近くに学校などがあり、子どもがよく通る。

ふみきりあり
近くにふみきりがある。

道路工事中
近くに道路工事をしている場所がある。

信号機あり
近くに信号機がある。

落石のおそれあり
がけや山から石が落ちてくる場合がある。

同じ色のなかま
黄は、きけんを知らせ、注意をうながす色。通学用のぼうしや、工事のげんばではたらく車も同じ色だよ。

青の標識

歩行者せん用
歩行者だけが通れる道路。

自転車せん用
自転車だけが通れる道路。

自転車および歩行者せん用
自転車と歩行者だけが通れる道路。

自転車横断帯
横断歩道の横に自転車横断帯があるので、自転車はここを通る。

横断歩道・自転車横断帯
横断歩道と、自転車横断帯がある。

おはなしのポイント

毎年、川や海での事故があとを絶ちません。自然の中では、突然状況が変わることもありますので、出かける前に、天気予報をかならず確認しましょう。また、ライフジャケットや川用のくつを身につけるなど、その場に適した服装で遊ぶことも大切です。

遊ぶときのやくそく

自然の中では、楽しく遊ぶために守りたいやくそくがあるよ。
どんなことに気をつければいいのかな？

場所に合った服そうで遊ぼう

場所に合わせて、身につけるものを決めよう。川や海へ行くときは、ぬげにくいくつや、おぼれたときにからだを守ってくれるライフジャケットを着て出かけよう。

川で遊ぶとき
- つばのあるぼうしをかぶる。
- ライフジャケットを着る。
- 半ズボンをはく。
- 川の流れでぬげない、川用のくつをはく。

海べで遊ぶとき
- つばのあるぼうしをかぶる。
- タオルなどで首をかくす。
- うすい長そでの服を着る。
- けがをしないよう、手ぶくろをはめる。
- 半ズボンをはく。
- ぬげにくいサンダルか、海や川用のくつをはく。

外で遊ぶときに気をつけること

熱中しょうに注意する

暑いところで遊んでいると、「熱中しょう」という病気になってしまうことがある。熱が出て、気分が悪くなったり、たおれたりする。

水分をこまめにとる

遊ぶとあせをかくので、麦茶や水をこまめに飲もう。しおやさとうを少し入れて飲むと、あせで流れた塩分やエネルギーをおぎなえる。

暑い日は休けいしながら遊ぶ

熱中しょうにかからないように、休けいをしながら遊ぼう。休けいをするときは、すずしい日かげに入って、日光をあびないようにしよう。

日やけをふせぐ

ぼうしをかぶったり、はだに日やけ止めをぬったりして、日やけをふせごう。日やけ止めは、あせで流れてしまうので、こまめにぬりなおそう。

生活安全 遊び

公園や広場で遊ぶとき

公園や広場には、楽しく遊べる遊具がいろいろあるね。遊んでいるときには、どんな事故が起こりやすいのかな？

ジャングルジム / うんてい / ぶらんこ

あぶない遊び方をしている人、いないかな？

うんていは、ぼうにつかまって遊ぶ遊具。なのに、上に乗ってふざけたりしていると、事故につながるよ。

まわりの人の動きに注意しよう

遊んでいると、まわりに注意するのをわすれてしまうことがあるよ。近くにいる人とぶつかったりしないよう、気をつけよう。

てつぼう

すべり台

公園で起こりやすい事故は？

高いところから落ちる
ジャングルジムのように、高さがある遊具では、ふざけたりしていると事故につながる。

遊んでいる人とぶつかる
遊具で遊んでいる人と、まわりで遊んでいる人がぶつかってしまうことがある。

身につけているものが遊具にひっかかる
ポシェットやリュックサックを身につけて遊ぶと、遊具にひっかかることがあるのであぶない。

からだが遊具にはさまる
遊具の、ちょっとしたすきまに指やあしがはさまってしまうことがある。気をつけよう。

こんなときどうする？

遊具からへんな音がするよ！

古い遊具は、いたんでこわれている場合があるよ。「ギイギイ」などと、へんな音がしたら、遊ぶのをやめ、おとなに知らせよう。

41

生活安全 遊び

プールで遊ぶとき

プールで泳ぐと気持ちがいいね。水の中では、どんなことに気をつけたらいいのかな？

プールに入る前にシャワーをあびて、からだをきれいにしよう。

シャワー

休けいする場所

深いプール

プールサイド

あさいプール

プールに入る前に、かならずじゅんび運動。

からだの具合が悪くなったら、プールから出て休もう。

🚧 プールに入るときのやくそく 🚧

身長に合った深さのプールに入ろう

プールの中で立ったとき、水面から口が出る深さのプールに入ろう。

両手と両あしを広げる

おぼれてもあわてない

おぼれてしまったときは、あわてずに、水面にういて助けを待とう。

➡ 45ページも見てね

おいかけっこをしない

プールサイドは水でぬれているので、すべりやすい。ころんでしまうので、おいかけっこをしたり、走ったりしてはだめだよ。

とびこまない

とびこんで、プールのそこで頭を打ち、けがをする事故がたくさん起きている。とくに水の深さがあさいプールは気をつけよう。

寒いと感じたら、プールから出よう

からだがひえると、病気になってしまうことがある。くちびるがむらさき色になったら、タオルをかぶるなどしてからだを温めよう。

休けいをとろう

長い時間、休まずに遊んでいると、おぼれたり、気分が悪くなったりすることがある。30分に一度を目安に、休けいをとろう。

循環口に近づかない

循環口

循環口は、プールの水をきれいにするためのもの。たくさんの水がここから出入りしているので、近づくとすいこまれてしまう。

大きなビート板に注意

大きなビート板は、下に入ってしまうと、水の外に頭を出せないので、あぶないよ。使うときは、ぜったい下にもぐらないようにしよう。

生活安全 遊び

川や海で遊ぶとき

川や海など、自然の中で遊ぶときは、どんなことに気をつければいいのかな？

雨で水の量がかわる

上流で雨がふると、中流や下流で雨がふっていなくても、水の量がふえる。水の量がふえると川の流れがはやくなり、事故が起きやすいので気をつけよう。

流れのはやさに注意

川の流れのはやさは、毎日かわる。また、流れがおだやかそうに見えて、とてもはやい場合もあるので気をつけよう。

すなはま

ゴミや貝がらをふむと、けがをしてしまう。また、夏は太陽の熱で、すながとても熱くなる。サンダルをはいて歩こう。

波

おだやかな海に、とつぜん、大きな波ができることがある。大きな波は、波うちぎわまでおしよせることもあるので、気をつけよう。

遊ぶときに気をつけること

遊びに行く前に、天気予報をチェック！

川や海は、天気や風の強さによって、ようすが大きくかわる。遊びに行く前には、天気予報をよく見ておこう。

岩場など、すべりやすい場所に注意！

川も海も、岩場には、こけや海そうがあり、とてもすべりやすい。また、ころぶと大けがにつながるので、気をつけよう。

とつぜんの津波や強い雨のとき、にげる場所を決めておく

強い雨がふったり、地震が起きたりしたときに、にげこめる場所を見つけておこう。じょうぶで、高いたてものがいい。

➡ 84〜87ページも見てね

こんなときどうする？

水遊びしていておぼれたら「ういてまて」

あごをあげると息がしやすい。

空のペットボトルなどがあれば、むねにかかえよう。

くつははいたまま※で、あしを大きく広げよう。

ペットボトルがなければ、手を大きく広げよう。手は水面より上に出さないこと。

※くつは、うき具のかわりになるので、ぬぎません。

おぼれた人を見つけたら

① ロープやうきわを投げる

おぼれている人に、ロープやうきわ、空のペットボトルなど、つかまれる物を投げてわたそう。助けようと、自分も水に入ってはいけない。

② まわりの人に知らせる

近くのおとなに、おぼれている人がいることを知らせよう。

生活安全 遊び

遊んではいけない場所はどこ？

遊ぶときは、安全な場所で思いきり楽しみたいね。
遊んではいけないのは、どんな場所かな？

✕ 道路
✕ 公園
✕ 工事中のたてもの
✕ 空き家
✕ 足場
✕ 大きな乗り物

空き家にはきけんがいっぱい！

空き家は、ゆかや屋根、手すりなどがいたんでいるかもしれない。屋根が落ちてくることもあるのであぶない。もちろん、ほかの人の家なので、かってに入ってはだめ。

工事中のたてもの、気になるけど……

工事中のたてものには、トラックなど大きな乗り物が出入りするのであぶない。また、足場は不安定なので近づかない。工事のじゃまにもなる。

きけんな植物

さわったり食べたりすると、
きけんな植物があるのを知っているかな？

⚠️ さわるとかぶれたり、けがをしたりする

かぶれの手当て かぶれた部分を水であらい、専用の薬をぬる。かゆくてもかかない。かぶれたはだがほかの部分にふれると、かぶれが広がるので注意。

野山にある

ウルシのなかま
みきから出るしる（樹液）が、はだにつくとかぶれる。

ススキ
葉のふちにふれると、切り傷ができやすい。

ヒガンバナ
花やくきのしるが、はだにつくとかぶれる。

庭や公園にある

ノウゼンカズラ
花のしるがはだにつくとかぶれ、目に入るとはれる。

アメリカオニアザミ
全体にするどいとげがあり、さわるといたい。

⚠️ 食べるときけん！

庭や公園にある

アセビ
葉を食べると、はいたり、手あしがしびれたりする。

ニシキギ
実の毒でおなかがいたくなったり、はいたりする。

野山にある

トリカブト
強い毒をもつ。葉を食べると死ぬこともある。

ツキヨタケ
毒で、げりやけいれんが起こることがある。

クサウラベニタケ
毒で、おなかがいたくなったりげりをしたりする。

手当てのしかた きけんな植物を食べたと気づいたら、すぐはきだそう。できるだけ早く、病院で手当てを受けよう。

生活安全 モノしり きけんな生き物

⚠️ 公園や野山の生き物

手当てのしかた 虫の毛の毒でかぶれたりしたときは、その部分にさわらないようにして水で流そう。さわると毛がくいこみ、もっとひどくなる。

チャドクガ（成虫／幼虫）
ツバキなどに発生。幼虫や成虫の毛にふれると、毒ではだがかぶれる。

ヒロヘリアオイラガ（幼虫）
道路や庭にある木に発生する。幼虫の毛に毒があり、ふれるといたい。

アオバアリガタハネカクシ

成虫をつぶしてしまうと、体液がはだについてやけどのようになる。

カバキコマチグモ

ススキの葉先を丸めてすをつくる。かまれると、とてもいたい。

セアカゴケグモ
かまれるとチクッとする。強い毒があるので、かまれたら病院でみてもらおう。

スズメバチのなかま

スズメバチのす

強い毒を持っている 1ぴきでいるときは、つかまえないかぎりさされない。すがそばにあるときは注意。さされると死ぬこともあるので、すぐ病院でみてもらおう。

血をすう

ヒトスジシマカ

5～10月に発生する。「デング熱」など病気のウイルスを運ぶ。

マダニ

重い病気のウイルスを運ぶので、かまれたらすぐ、病院へ行こう。

ブユのなかま

血をすわれると、とてもかゆくなり、水ぶくれができたりする。

生き物のなかには、むやみに近づくときけんなものもいる。めずらしい生き物を見ても、ぜったいにさわってはいけないよ。

⚠️ 川や海にすむ生き物

マツモムシ

川や池にすむ。つかまえると口先でさされることがあり、はげしくいたむ。

ハオコゼ

海の岩場などにすむ。せびれのとげに毒。死んでいてもきけんなことがある。

カツオノエボシ

刺胞
刺胞に毒がある。刺胞にふれただけで水ぶくれになる。電気クラゲともいう。

手当てのしかた
川や海にすむ生き物は強い毒を持っているものが多い。さされたりしたらすぐ、近くのおとなに知らせよう。

アカエイ

尾のつけ根のとげに毒があり、さされると死ぬこともある。しおひがりのときに出会う場合がある。

ヒョウモンダコ

あたたかい海の岩場などにすむ。だえきに強い毒がふくまれていて、かまれると死ぬことがある。

強い毒を持っている

⚠️ 森林にすむ生き物

ヒグマ / ツキノワグマ（子ども）

前あしではたかれたり、かみつかれたりすると死ぬ場合がある。人里にあらわれることもある。

イノシシ

人に追われているときや、親子づれのときは、人をかんだり、きばでついたりすることがある。

野犬

自然の中で生きる野犬は、人におそいかかることがあるので注意。かまれたら病院へ行こう。

マムシ / ハブ

強い毒を持っている

マムシはさわったり、ふんだりしなければこうげきしない。ハブは近づくとかむ場合がある。山では注意。かまれたらすぐ病院へ行こう。

生活安全 家にいるとき

あぶないのはどこ？

家の中で事故が起きやすいのは、どんな場所かな？
あぶない場所を知って、注意しよう。

マット

マットにあしが乗ったとき、すべることがある。うらにすべり止めがついているマットだと安心。

階段

階段をかけおりると、あしをふみはずし、ころんでしまうことがあるよ。また、物をおかないようにしよう。

ドア

いきおいよくあけると、ドアがそばにいる人に当たってしまうよ。また、指をはさむこともある。

ベランダ

高いものに乗って、手すりからからだを乗りだすと、落ちてけがをするかもしれない。手すりの上に物をおくと、落ちて下にいる人にけがをさせる場合があるのでやめよう。

出しっぱなしのおもちゃ

ゆかに物がおいてあると、だれかがふんでけがをしたり、すべってころんだりするかもしれない。おもちゃや本は、使ったらすぐかたづけよう。

クローゼットやたんす

とびらのついたクローゼットやたんす、大きな旅行かばんの中に、ふざけて入ってはいけないよ。中からあけられなくなって、とじこめられることがある。

電気せいひんのプラグ

電気は水をつたわりやすい。ぬれた手でプラグをさわると、からだに電気がつたわり、けがをする。

さわったら、やけどしちゃう！

アイロン

そこ

そこが熱くなる。スイッチを切ったあともしばらく熱いので、さわってはだめ。

すいはんき

ゆげが出るところ

ごはんをたいているとき、熱いゆげが出る。上からのぞいたり、手を当てたりしてはだめ。

生活安全 家にいるとき

火を安全に使うには？

火はまちがった使い方をすると、やけどや火事などの原因になるよ。どんなことに気をつければいいのかな？

ライターやマッチで遊んではだめ！

火を使うときは、おとなに見守っていてもらおう。

水をためたバケツを用意。

花火をふりまわしてはだめ！

❓ 火事が起きるのはどんなとき？

火遊びが火事につながることが多い

火事が起きる大きな原因のひとつは、ライターやマッチでの火遊びだよ。ライターやマッチの火は小さいけれど、服やたてものにもえうつると、たちまち大きくなる。ぜったいに、火で遊んではいけないよ。

服に火がもえうつってしまったら、あぶない！

カーテンやふとんに火がもえうつると、大きな火事になる。

⚠️ とくに火に注意するとき ⚠️

花火をするとき

花火は、ほかの人のほうに向けてはいけない。火がもえうつったらたいへんだ。また、遊びおわった花火を入れるため、水をはったバケツを用意しておこう。

料理をするとき

こんろの火が服にもえうつる場合がある。料理をすることがあったら、そでやすそが広がっている服を着ないようにしよう。また、こんろのそばにもえやすい物をおかないようにしよう。

だんぼうきぐを使うとき

だんぼうきぐ（ファンヒーター）からは、熱い風が出てくるので、すぐ前に立っていると、やけどの原因になる。また、そばにせんたく物をほすと、だんぼうきぐの上に落ちて火事になることもあるので、あぶない。

👌 こんなときどうする？

火がからだや服にもえうつった！

火が自分のからだにもえうつってしまったら、どうすればいいんだろう？ 火を消す方法を、おぼえておこう。

あわてず、地面をゴロゴロところがる。走ると、火が大きくなってしまうので、走ってはだめ！

そばにいる人はどうすればいいの？

近くの人に水を持ってきてもらうようたのみ、その間に服の上着やざぶとんで、火がついているところをたたこう。

生活安全 エスカレーターに乗るとき

あぶないことをしているのはだれ？

駅やデパートなどにある、エスカレーター。
事故の原因になるのは、どんな乗り方なんだろう？

身を乗りだすとあぶない！

手すりから身を乗りだしていると、ものにぶつかったり、下へ落ちたりと、大きな事故につながるよ。ぜったいにやめよう。

走ってころぶとあぶない！

エスカレーターは動いているので、走ってころぶと、あぶないよ。また、エスカレーターは、止まって乗ることを考えてつくられている。歩いたり走ったりすると、エスカレーターが止まってしまうこともあるよ。

「まきこみ事故」に注意

ほどけたくつひもは、エスカレーターにまきこまれやすい。くつひもはむすんで乗ろう。長いズボンやスカートも、まきこみに注意。黄色の線の内がわに立つと、まきこみ事故にあいにくいよ。

「逆走」はぜったいだめ

エスカレーターの動きとぎゃくに、のぼったり、おりたりする「逆走」は、ぜったいだめ。ほかの人にぶつかって事故になったらたいへんだよ。

みんながおりられないよ

エスカレーターをおりてすぐ立ち止まると、うしろにいる人が前に進めない。立ち止まるのは、まわりの人のじゃまにならないところにしよう。

安全な乗り方

歩かず、止まって乗る。

黄色の線からはみださないように乗る。

手すりにつかまる。

落とし物は自分で取らない

もしも、エスカレーターで物を落としてしまったら、かならず店や駅の係員をよんで、取ってもらおう。自分で取ろうとすると、指をはさまれるなど、事故の原因になる。

生活安全

モノしり けがの手当ての

すり傷

切り傷

手当てのしかた

1. まずは、傷ができたところを、水であらってきれいにする。

2. 傷にばんそうこうをはる。傷が大きい場合は、血が止まるまできれいなハンカチやガーゼを当てておさえる。

鼻血

手当てのしかた

少し下を向いてすわり、鼻のまん中から少し下をつまむ。そのまま、血が止まるまで、10～15分くらいじっと待つ。

56

しかた

かるいけがをしたときの、手当てのしかたを集めたよ。強いいたみがのこったら、すぐ病院に行ってね。

やけど

手当てのしかた

水道の水を流して、やけどをした部分を、いたみや赤みがなくなるまでひやす。

たんこぶ

手当てのしかた

水でぬらしてつめたくしたタオルを、たんこぶができたところに当てて、ひやす。

ねんざ **つき指**

走っていて、あし首をひねったときなどになる。

指先に、ボールが強く当たったときなどになる。

手当てのしかた

タオルでくるんだ氷水の袋

つめたい水やタオルでくるんだ氷水の袋で、すぐにひやす。けがをしたところは、しばらく動かさない。

生活安全 病気をふせぐ

あれ？ 病気かな？

なんだか、元気が出ないなというときは、自分のからだのようすをチェックしよう。つらいと感じるのはどんなところかな？

鼻水がタラリ

かぜをひいたときなどには鼻水が出るね。鼻水が出るのは、病気の原因であるウイルスや細菌が、からだのおくに入るのをふせぐためなんだ。鼻水は、かんで外に出そう。

せきがゴホゴホ

せきは、かぜのひきはじめなどに出るよ。せきをすると、ウイルスや細菌が口から出るので、病気がほかの人にうつらないよう、マスクをしてね。

頭がボーッ

頭がボーッとして、からだがいつもより熱く感じるときは、かぜやインフルエンザのせいで、熱が出ているのかもしれない。すぐおとなに知らせよう。

こんなときどうする？

いつもとちがうな、と思ったら

いつもとちがうな、元気が出ないなと思ったら、どんなところがつらいのか、なるべくくわしくおとなにつたえよう。

病気は、ひどくならないうちになおすことが大切。もしかして病気？と思ったら、すぐおとなに知らせよう。

おなかがズキズキ

おなかのいたみは、どんなようすかな？ ずっといたいのか、それともときどきいたいのか、くわしくおとなにつたえよう。また、うんちがちゃんと出ているか、やわらかいうんちが出ていないかもつたえよう。

はだにブツブツ

ブツブツがかゆくても、さわってはいけないよ。「はしか」や「水ぼうそう」など、うつる病気かもしれない。マスクをしてすぐお医者さんにみてもらおう。

目がまっ赤

目がかゆくても、かくとひどくなるので、さわらないようにしよう。鼻水も出るなら、かふんしょうかもしれない。お医者さんにみてもらおう。

生活安全　病気をふせぐ

どうして病気になるのかな？

病気にかかると、元気が出なくてたいへんだ。
どんなことが原因で病気になってしまうのか、見てみよう。

❓ 病気の原因は何？

ウイルスがもととなることがほとんど

病気の原因は、さまざまあるけれど、そのなかでもウイルスや細菌がもととなることが多いよ。その場合、ウイルスや細菌をたおすことができると、病気がなおるんだ。

❓ 病気の原因を、どうやってたおす？

からだには、病気の原因をたおすしくみがある

じつは、人間のからだの中には、ウイルスや細菌をたおすしくみがあるんだ。たとえば、熱が出るのも細菌をたおすしくみのひとつ。からだの温度を上げて、その熱でウイルスや細菌をたおそうとしているんだ。

⚠️ ウイルスや細菌がもととなる病気 ⚠️

かぜ

せきが出たり、のどがいたくなったりする。ゆっくり休んで、早めになおそう。

インフルエンザ

高い熱が何日間も出る。なおるまで、人が集まる場所へ行かないこと。

はしか

高い熱が出て、はだにブツブツができる。なおるまで、人が集まる場所へ行かないこと。

りんご病

ほおがりんごのように赤くなる。

食ちゅうどく

おなかがいたくなる。悪いウイルスや細菌がついた食べ物を食べるとかかる。

けつまくえん

ねばっとした目やにが出て、白目のところが赤くなる。たくさんなみだが出ることもある。

⚠️ 「予防接種」で、ウイルスや細菌が原因の病気をふせぐ ⚠️

ウイルスや細菌が原因の病気のなかには、一度かかると、からだがそのたおし方をおぼえるものがある。予防接種では、弱くしたウイルスや細菌、またはその一部をからだに入れる。からだにウイルスや細菌のたおし方をおぼえさせて、重い病気にかかるのをふせぐんだ。

生活安全　病気をふせぐ

病気のもとはどこから入る?

病気をふせぐには、悪いウイルスや細菌をからだに入れないこと。
せきや熱が出る病気は、人にうつるので気をつけよう。

病気のもとは、だえきやなみだ、血えきなどの「体えき」をとおして、からだに入る。たとえば、よごれたままの手で食事をすると、手についたウイルスや細菌がだえきにまじり、口からからだの中へ入りこんでしまう。

病気の原因となるウイルスはどこにいるの?

ウイルスは、生き物の体内にすむ

ほとんどのウイルスは、空気の中で長く生きることができないんだ。ウイルスは、人間や動物の体内にすみついて生きている。だから、ウイルスがもととなる病気は人から人、動物から人、動物から動物へとうつるんだよ。

くしゃみのとき、とびだすつばの中にはウイルスがいる。

血をすう蚊が、人から人へウイルスを運ぶこともある。

ウイルスや細菌が、からだの中に入らないようにするには？

手をこまめにあらおう！

せっけんをしっかりとあわ立ててあらうのがポイント。

せっけんを使って、つめの先や指の間までしっかりあらい、ウイルスや細菌を落とそう。

うがいをしよう！

外から帰ったら、よくうがいをして、のどについたウイルスや細菌を落とそう。

マスクをしよう！

マスクは口と鼻がかくれるようにかけよう。

マスクは、口と鼻からウイルスや細菌が入ったり、出たりするのをふせぐ。また、のどや鼻の中をかわかさないためにも役立つんだ。

よくねむろう！

からだがつかれていると、病気をふせぐ力が落ちる。よくねむってつかれを取ろう。

えいようをとろう！

いろいろなえいようをとると、病気をふせぐ力が強くなる。食事はバランスよく食べよう。

生活安全 病気をふせぐ

食事は元気のもと！

食事をすると、元気が出るね。
食べ物には、さまざまなえいようがふくまれているんだよ。

パン
黄色のグループ
バター
米

からだを動かすための力を生みだすよ。

シュート！

にんじん
緑色のグループ
かぼちゃ
ほうれんそう

病気にならないよう、からだを守るよ。

たまご
赤色のグループ
チーズ
肉
魚

きんにくや血、ほねなどをつくるよ。

⚠️ えいようをバランスよくとるのがだいじだよ ⚠️

病気をふせいで、元気に育つためには、たくさんのえいようがひつようだよ。やさいや魚、ごはんなど、いろいろなえいようを持つ食べ物を、バランスよく食べよう。

魚の料理

米をちゃわんに1ぜん

だいこんとこんぶを使ったおかず

よくかんで食べよう
よくかむと、からだにえいようが取りこまれやすい。

にんじんとほうれんそう、あぶらあげを使ったおかず

とうふやねぎの入ったみそしる

食べすぎはだめだよ！
食べすぎると、胃や腸がつかれてしまうので、病気のもとに。

🖐 くさった食べ物を見分けられる？

食べ物がくさると、カビが生えたり、くさいにおいがしたり、糸を引くようになったりと、ようすがかわるよ。くさった食べ物を食べると、げりをするなど病気になることもある。食べ物がくさるとどんなふうになるのか、知っておこう。

カビが生えて色がへん！

くさいにおいがする！

生活安全 病気をふせぐ

元気な歯で食事をしよう！

しっかりかんで食べるために、歯は大切だよ。
きちんと歯みがきをして、虫歯から歯を守ろう。

食事をしたあとの歯には食べかすがいっぱい！

❓ どうして虫歯になるの？

食べかすが虫歯のもとに！

歯に食べかすがのこっていると、「ミュータンス菌」といっしょになって「酸」を作り、歯をとかしてしまう。これが虫歯の原因だよ。虫歯をふせぐには、食事のあとに歯をみがいて、食べかすを取りのぞくことが大切だ。

ミュータンス菌

食べかす

歯がとけてしまったよ！

⚠️ しっかり歯をみがこう！

歯のけんこうを守るためには、きちんと歯をみがくことがかかせないよ。きれいに歯をみがくためには、どうしたらいいのかな？

歯ブラシの持ち方

えんぴつと同じように持つ。歯は、強い力でこするといたんでしまうので、ぎゅっと持たない。

きほんの歯ブラシの当て方

歯ブラシの毛先を、歯と歯ぐきのさかい目に当てる。歯ブラシを小さく横に動かし、1本ずつていねいにみがこう。

食べかすがたまりやすいのはどこ？

歯と歯の間

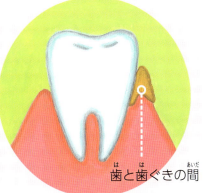

歯と歯ぐきの間

歯と歯の間にたまった食べかすは、歯ブラシの先でかきだそう。

歯と歯ぐきの間の食べかすは、歯ブラシを、歯の根元に当てて、きれいにしよう。

「子どもの歯」も「おとなの歯」も大切にしよう！

子どもの歯が生えている間、おとなの歯は、歯ぐきの中でねむっている。子どもの歯が虫歯などで早くぬけてしまうと、となりの歯がかたむいたり、よってきたりするんだ。子どもの歯のけんこうは、おとなの歯にとっても、大切なんだよ。

 けんこうな子どもの歯 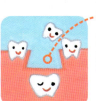 → おとなの歯が生える場所が広い

 虫歯の子どもの歯  → おとなの歯が生える場所がせまい

防災

おはなし

地震が起きたら

おはなしのポイント

山が多く、海にかこまれた日本は、地震や津波、火山の噴火など、災害が多い国です。災害が起こったとき、とっさに正しい判断を下すのはむずかしいもの。いざというとき、どのように行動し、連絡を取り合うか、日ごろから家族で話し合って決めておきましょう。

災害にそなえよう

災害は、いつやってくるかわからない。災害が起こっても、落ちついて行動できるように、じゅんびをしておこう。

避難場所はどこかたしかめよう

まちの中には、災害が起きたとき、一時的ににげこむ「きんきゅう避難場所」、地震などで大きな火事が起きた場合ににげこむ「広域避難場所」があるよ。安全で、多くの人が入ることのできる公園や学校が避難場所となっている場合が多いんだ。家から近い避難場所はどこか、たしかめておこう。

避難場所のマーク

広域避難場所　　きんきゅう避難場所

広い公園や学校が避難場所になっている場合が多い

まちのあぶない場所がわかる「ハザードマップ」をチェック！

ハザードマップとは、強い雨や地震、津波などの災害が起こったとき、被害が出そうな場所をまとめた地図だよ。住んでいるちいきのウェブサイトで見ることができる。また、市役所などで手に入れることもできるんだ。家から避難場所までの道を決めるときなどに役立つよ。

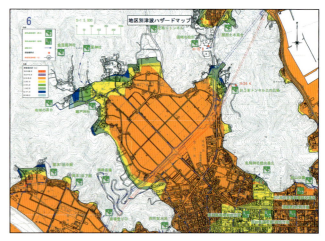

津波、洪水など、災害で起きる被害によって、地図がつくられている。写真は津波のハザードマップ。

どうやって避難場所まで行くか、考えてみよう

災害が起きたとき、避難場所へ行くにはどの道を通ればいいか考えて、じっさいに歩いてみよう。たとえば、強い雨がふったときは、川のそばや土砂災害が起きそうな場所をさける、火事のときはせまい道をさけるなどのポイントをおさえよう。

災害のときこまらないように、食べ物などを用意しておこう

大きな災害が起きると、水や電気が止まったり、電車や車の流れが悪くなったりして、生活にひつような物が手に入りにくくなる。食べ物や水などを、家にたくわえておこう。

家に、家族が1週間すごすことのできる量をたくわえよう。

→100ページも見てね

むかしからのいいつたえが防災のヒントに！

むかし、岩手県宮古市の姉吉地区は津波におそわれて、大きな被害を受けた。生きのこった人たちは、津波から子孫を守るために、「ここより下に家をたてるな」と書いた石碑をたてたんだ。2011年3月11日、東日本大震災が起こり、姉吉地区にまた、大きな津波がおしよせた。けれど、姉吉地区の人びとは、この石碑のいいつたえを守り、高いところに家をたてていたので、どの家も無事だったんだよ。

防災 地震

地震から身を守ろう

日本は、地震が多い国だよ。もしも、大きな地震がやってきたとき、どんな行動をとればいいのかな？

ゆれを感じたら、どうする？

たなの中から物がとびだしてくる。頭を守ろう。

本だななど、大きな家具がたおれる。そばからはなれよう。

こんろの火は、ゆれがおさまってから消そう。

地震はどうして起こる？

「プレート」の動きがおもな原因

地球は、プレートという、ぶあつい岩におおわれているよ。プレートは、なんまいにもわかれていて、少しずつ動いているんだ。プレートの動きが原因で、地震が起きることがほとんどだよ。

地震が起こるときの、プレートの動きの例

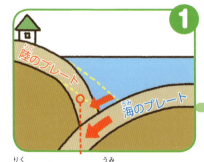

① 陸のプレートが海のプレートに引きずりこまれる。

② 陸のプレートが元の場所にもどろうとしてはねあがる。

※津波は、どんな地震でも起こるわけではありません。

地震が起きたら頭を守ろう

家の中で

クッションなどで頭を守る。近くにじょうぶなつくえがあれば、下へもぐろう。落ちてくる物が少ない、ろうかなどに出ると、さらに安全だよ。

からだを守るポーズ

ひざとひじをついて、だんご虫のようによつんばいになり、からだを守るポーズ。頭を守る物が近くにないときは、このポーズをとろう。

道路で

外では、ガラスやかんばんが落ちてくるきけんがあるよ。かばんなどで頭を守ろう。

スーパーマーケットで

たなから商品が落ちてくるので、たなからはなれ、かばんなどで頭を守ろう。

電車の中で

かばんで頭を守り、からだを前にかがめよう。電車が急にとまる場合があるので、立っている人は手すりにつかまろう。

われるもの、たおれるものからはなれよう

まどのそばからはなれる

ガラスがわれるかもしれないので、ゆれを感じたらすぐはなれよう。

自動販売機やブロックべいからはなれる

自動販売機や電柱は、地震のゆれでたおれやすい。ブロックべいも、くずれやすいのであぶないよ。

防災 地震

ゆれがおさまっても、ゆだんしない

大きなゆれのあとも、「余震」といって、ゆれがつづくよ。
余震が来る前に、安全なところへひなんしよう。

▲ 地震のあとはしんちょうに行動する ▲

ゆれがおさまったあとも、落ちてくる物に気をつけよう。

ゆかにはわれたガラスなどがいっぱい。すあしでふむときけん。

落ちついて火を消そう。

自分にけががないか、部屋にとじこめられていないか、たしかめよう。

▲ ひなんのひつようがあるか考えよう ▲

ひなんのための出口をたしかめよう

家の中で地震にあった場合、ゆれがおさまったら、まずドアやまどをあけて、いざというときひなんできるかたしかめよう。

地震の情報をチェック！

家にとどまるか、ひなんするかを家や近所のようすを見て考えよう。近くで火事が起こるなどしていたら、すぐひなんする。ラジオなどで情報を聞くことも大切だ。

学校などでひなんするときのやくそく

学校やデパートなど、多くの人が集まる場所で地震にあったら、落ちついて行動することが大切だよ。4つのやくそく、「お・は・し・も」をおぼえておこう。

お さない

あわてて、前の人をおしたりしてはいけない。ころんでけがをすると、すばやくひなんできなくなってしまう。

は しらない

ただし、津波や火事が起こった場合は走ってにげよう。

地震のあとは、地面に物がちらばっている。ころびやすいので、走るのはやめよう。

し ゃべらない

しゃべっていると、家の人や先生の声が聞こえず、はぐれてしまうかもしれない。しゃべらず、しずかにひなんしよう。

も どらない

わすれ物などに気づいても、取りに行ってはだめ。たてものがくずれたり、火事が起きたりしているかもしれない。

こんなときどうする?

ひとりでいるとき、地震にあったら

家族が近くにいない場合は、近所の人など、よく知っているおとなといっしょに行動しよう。

海の近くに住んでいたら

津波が来るかもしれないので、すぐに、高いところへひなんをはじめよう。

➡84～85ページも見てね

防災　地震

地震のときのやくそくを決めておこう

地震にあうのは、家族とはなれているときかもしれない。また、家がきけんで帰れないこともある。そんなとき、どうやってれんらくをとるか、家族で決めておこう。

🔺 地震のあと、待ちあわせる場所を決めておこう 🔺

待ちあわせ場所をくわしく決める

たとえば「学校で待ちあわせ」と決めていても、学校は広く、なかなか会えないかもしれない。場所は「学校のジャングルジム前」などと、くわしく決めておこう。

待ちあわせ時間も決めておく

地震のあと、待ちあわせの相手がやってくるまで、何日もかかる場合があるよ。その間、ずっと待つのはたいへんだ。「2時から3時の間」などと、待ちあわせをする時間を決めておこう。

災害のとき、通じやすい電話と使用方法

地震などの災害のあと、だれかとれんらくをとりたいとき、役立つのが公衆電話と171ダイヤル（災害用伝言ダイヤル）だよ。一度使って、体験してみよう。

公衆電話

小ぜにを入れるところ

地震のあと、携帯電話が通じなくなっても、公衆電話は使えることが多い。小ぜにを入れると、決まった時間、通話ができる。

公衆電話は駅や図書館、市役所などにあるよ

公衆電話の使い方

1. 受話器を上げて、100円玉か10円玉を入れる。

2. 「プー」と音が聞こえたら、電話番号をおして、電話が通じるのを待つ。

相手が出なかったら、お金がもどってくる。

171ダイヤル

171ダイヤルは、災害のあと、電話を使って、家族へのメッセージをあずけることができるサービスだよ。「1・7・1」とおしたあと、自分の家の電話番号をおしたら、あとは案内にしたがって、メッセージを録音しよう。

たとえば、こんなふうに使えるよ

ぶじです　家族にメッセージをのこす。

メッセージをあずけておく場所

ぶじです　家族がメッセージを聞く。

171ダイヤルを利用できるのは？

携帯電話、家庭用の電話、公衆電話から利用できる。

防災　地震

地震のあとのくらし

地震が起きるとたてものがこわれたり、水道や電気、ガスなど、いつも使っていたものが使えなくなったりするよ。少しの間、くふうしてのりきろう。

❓ 地震のあとは、どんなことがかわるの？

水道が止まる

使える水の量がかぎられているので、おふろに入るかわりにウェットタオルでからだをふく、非常用トイレを使うなど、くふうしよう。

電気が止まる

エアコンやれいぞうこが使えなくなる。夜になると、まっくらになるので、ランタンなどであかりをとろう。また、用事は昼にすませよう。

ガスが止まる

料理をするときは、たき火をしたり、カセットこんろを使ったりする。地震のあとはガスがもれることがあるので、へんなにおいがしたら、火をつけてはいけない。

交通の流れが止まる

地震のあとは、電車やバスが使えなくなる。また、みんなが車を使い、道路がこむと、消防車や救急車が通れなくなるので、車は使わないようにしよう。

どんなことに気をつければいいの？

こわい目に あわないよう注意しよう

電気が止まると夜はまっくらになり、事件や事故が起こりやすい。夜は出かけず、外に出るときはおとなについてきてもらおう。

長そで、長ズボンの 服そうで、身を守ろう

地面に物がちらばっていたり、余震で物が落ちてきたりする。けがをふせぐために、はだを出さない長そで、長ズボンを着よう。

遊びを通して気分をかえよう

災害のあと、元気が出ないときは、遊びを通して気分をかえよう。災害のあとは、おもちゃや本が手に入りにくく、遊ぶ場所もかぎられてしまうけれど、たとえば、あやとりなら、ひもがあれば遊ぶことができる。物や場所がなくても、楽しめる遊びを見つけておこう。

⚠ うわさにまどわされないようにしよう ⚠

地震のあとは、みんなが不安な気持ちになる。うわさなどを通して、まちがった情報が広まりやすいよ。正しい情報は、どこから手に入れられるのかな？

避難所へ行く

避難所は、家をうしなった人がくらす場所となるだけでなく、くらしに役立つ情報を発信する場所にもなる。情報は、けいじ板や放送などを使ってつたえられる。

臨時災害放送局の放送を聞く

テレビやラジオのほかに、地震で大きな被害にあったまちで、「臨時災害放送局」ができる場合がある。被害のようすや、生活に役立つ情報が放送される。

防災 火事

火事が起きたらすばやい行動が大切

火は、もえひろがるのがとてもはやいよ。火事を見つけたら、少しでも早く行動することが大切なんだ。

⚠️ 火事を見つけたら ⚠️

すぐに、まわりの人に知らせよう

小さな火でも、まわりの人に「火事だ!」と大声で知らせよう。無理をして、ひとりで消そうとするのはきけんだよ。

消防署へのれんらくは火からはなれて「119番」!

自分の家で火事が起きたら、まず家からひなんする。消防署へのれんらくは、近所の人にたのむか、公衆電話からかけるなどしよう。

火災警報器の音がしたら、すぐにげよう

けむりがやってくる前ににげよう

火事のけむりはとても熱い。また、すすやからだに悪いガスもふくんでいるんだ。けむりをすいこむと、のどをやけどしたり、気をうしなってしまったりして、にげられなくなるよ。けむりがやってくる前に、すばやくにげよう。

火事が、自分からは見えない場所で起きる場合もある。火災警報器の「ジリリリ」という音を聞いたら、すぐたてものの外へにげよう。

小さな火の消し方

ざぶとんや水で消す
火をざぶとんでたたいたり、水をかけたりして消す。

消火器で消す
たとえば、油が原因の火事は水で消すとあぶないが、消火器なら消すことができる。家に消火器があると安心。

消火器のこと、知ってる?

消火器の中には、火を消す薬が入っているよ。消火器から火に薬をふきつけられるのは、15〜70秒。消火器は、もえはじめの小さな火を消すものなので、あまり長い時間使うことはできないんだ。大きな火を見かけたら、近くのおとなに知らせよう。

消火器の使い方

1
安全ピンをぬく。

2
ホースの先を火に向ける。

3
レバーをにぎる。

防災　津波

津波から身を守ろう

津波とは、おもに地震が原因で起こる波のこと。
大きな地震のあとは、津波に注意しよう。

写真提供：毎日新聞社／時事通信フォト

❓津波ってどんなもの？

津波ははやいスピードで、つぎつぎとおしよせる

津波は、とてもはやいスピードでやってくるよ。また、津波は1度ではなく、何度も来るんだ。2度目にやってきた波のほうが、1度目よりも大きい場合もあるんだよ。

海や川の近くで地震にあったら、津波が来ることを考えよう

津波は、地震のゆれが小さくてもやってくることがある。地震のゆれを少しでも感じたら、津波が来ると考えて、すぐにひなんをはじめよう。

どんなことに注意すればいいの？

海のそばから、すぐはなれよう

津波が来るまでの時間はさまざまだが、早ければ数分でやってくる。津波の注意報や警報が出ていなくても、海の近くで地震にあったら、すぐにひなんしよう。

川からはなれよう

津波が川をさかのぼってくることもある。マンホールから水がふきだすこともあるので、地震のゆれを感じたら、川やマンホールから、すぐにはなれよう。

津波警報が出ている間は、もどらない

津波がやってくるまでに、予想より時間がかかることもある。津波の注意報や警報がとかれるまでは、ひなんしている場所から動かず、待っていよう。

津波が来たら、どこへにげるか決めておこう

津波が来たとき、どこににげるのか、家族で話しあって決めておこう。

 津波からひなんする場所

3階以上の高い場所ににげよう

津波のなかには、10mをこえる高さになるものもある。ひなんするときは、3階以上の高い場所ににげよう。

避難場所をしめすマーク

津波避難場所

津波が来たとき、にげこめる場所。

津波避難ビル

津波が来たとき、にげこめるビル。

強い雨

強い雨にそなえよう

強い雨がふると、川から水があふれて、まちが水につかるなどの被害が出るよ。どんなことに気をつければいいのかな?

強い雨がふりやすいのはどんなとき?

季節がかわるときは、強い雨がふりやすい

春から夏、秋から冬など、季節がかわるときは、気温が大きくかわるね。気温が大きくかわるときは、強い雨をふらせる「積乱雲」が、できやすいんだ。積乱雲はぶあつくて、高さがある。山をさかさまにしたような形をしているよ。

強い雨をふらせる「積乱雲」

写真提供:気象庁

強い雨がふっているときに、気をつけること

天気予報をチェック

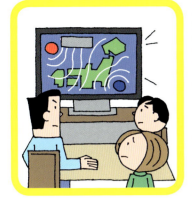

雨の量や、ふりつづく時間などをこまめにチェックしよう。ときどき、まどの外のようすを、自分の目でたしかめるのも大切だ。

川に近づかない

強い雨で、川の水の量がふえて、流れがはやくなる。数十分の短い時間で水がふえることもあるので、注意しよう。

ひなんするときの注意

水につかりやすい家は早めに避難所へ

日ごろから、ハザードマップで、家がある場所が水につかりやすいかどうかを、見ておこう。水につかりやすい場合、大雨がふったら早めに避難所に行こう。

➡72ページも見てね

水がたまってからの、ひなんはきけん！

雨水が、10cmくらいたまっただけでも、人が流されることがある。

家に水が入ったら、高いところへひなん

家に水が入ってきたら、外へにげず、家の2階など、高いところにある部屋へ移動しよう。水につかってはこまるものも、2階へうつしておこう。

地下には入らない

地下には、地上であふれた水が流れこんでくる。地下や地下道に入ってはいけない。

防災 強い雨

かみなりから身を守ろう

ゴロゴロ、ピカッと、音と光とともにやってくるのが、かみなりだ。
かみなりは、地面に落ちることがあるので、注意しなくてはいけないよ。

かみなりがピカッと光るときに放つ光を「いなずま」という。いなずまが見られるのは、雲と地面の間に電気が流れるためだ。

🚧 かみなりが近づいているのはこんなとき 🚧

黒い雲が広がる

音が聞こえる

急につめたい風がふく

⚠️ かみなりが落ちやすい場所 ⚠️

木や電柱など、高いもののそば

かみなりは、木や電柱など、まわりより高いものに落ちる。木の下で雨やどりをするのは、あぶないのでやめよう。

屋根の下

屋根をつたって、かみなりが落ちてくることがある。かみなりからひなんするときは、かならず、たてものの中に入ろう。

⚠️ かみなりが近づいてきたら、すぐひなん！ ⚠️

たてものや車の中ににげよう

コンクリートづくりのたてものや車、電車の中はかみなりが落ちにくい。外にいたら、すぐ、中へにげこもう。

音が聞こえてきたら、すぐひなん！

小さな音でも、「ゴロゴロ」という音が聞こえたら、もう、かみなりが近くにせまっている場合がほとんど。すばやくひなんしよう。

⚠️ 家の中でも気をつけよう ⚠️

電気せいひんからはなれよう

家の中にいても、テレビやランプなどの電気せいひんに、かみなりの電気が通ってくる場合がある。1mくらいはなれよう。

水にさわらないようにしよう

水は、電気を通しやすい。水道の水やおふろにためた水に、かみなりの電気が通る場合がある。水には、さわらないようにしよう。

防災　強い雨

土砂災害から身を守ろう

日本は、斜面が急な山が多く、土砂災害が起きやすい国だ。
土砂災害から身を守るには、どんなそなえをすればいいのかな？

🔺「土砂災害」には3種類ある 🔺

がけくずれ

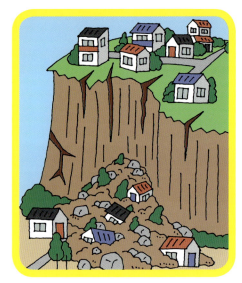

山やがけの、斜面の地表に近いところがゆるんで、急にくずれ落ちる。がけくずれが起こるときは、がけにひびが入ったり、小石が落ちるなどの前ぶれがあることが多い。

土石流

山や川の石、土砂が、雨水で一気に下へ流される。土石流が起こるときは、生ぐさいにおいがしたり、急に川の水がにごるなどの前ぶれがあることが多い。

地すべり

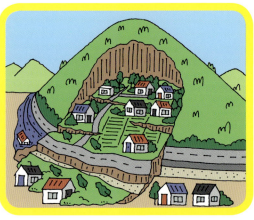

山の斜面の一部、または全部が、地下にたまった水などのために、ゆっくりと下へずれる。下へずれる部分が広いので、大きな被害が出る。地すべりが起こるときは、地面にひびわれができたり、がけや斜面から水がふきだすなどの前ぶれがあることが多い。

土砂災害のおもな原因となるのは？

強い雨
強い雨で、地中にたくさん水がたまると、地面がゆるんで土砂災害が起きやすくなる。

地震
地震も土砂災害の原因となる。山が多い場所は、地震のあと、土砂災害にも注意しよう。

⚠️ 土砂災害から身を守るためのポイント ⚠️

土砂災害が起こりやすい場所をチェック！

むかしから住んでいる人の話やハザードマップをもとに、近くに土砂災害のきけんがある場所がないか調べておこう。

➡ 72ページも見てね

「土砂災害警戒情報」に注意

強い雨や地震のあと「土砂災害警戒情報」が出ることがある。警戒情報が発表されたらひなんしよう。

おかしいな、こわいなと感じたら、すぐひなんする

土砂災害の前ぶれがあったり、強い雨がふりつづいたりしてこわいなと感じたら、ひなんをはじめよう。

ひなんできない場合、山と反対がわの、高いところにある部屋へにげよう

家に水が入るなどして、ひなんがむずかしい場合、山やがけとは反対がわの、2階など高いところにある部屋へにげよう。

防災　強い風

台風にそなえよう

台風がやってくると、強い風と雨で、大きな被害が出てしまうことがある。注意することを見てみよう。

かんばんや木のえだがとんでくる。強い風がふいているときは、外へ出ない。

かさがとばされて、ほかの人に当たるとあぶない！　台風が近づいているときは、かさをささず、レインウェアを着よう。

強い雨がふり、川の水の量がふえる。川には近づかない。

❓ 台風が来るとどうなる？

強い風がふき、雨もたくさんふる

温度の高い海で生まれた「熱帯低気圧」がはったつして「台風」になるよ。台風は、家の屋根や車をふきとばすほど、強い風をまき起こすことがあるんだ。また、台風がやってくると、強い雨もふるので、洪水などの被害にも注意しなくてはいけないよ。

うちゅうから見た台風の写真。雲が中心に向かってうずをまいている。

🔺 台風が近づいてきたら、早めにじゅんび 🔺

天気予報をチェック

情報をこまめにたしかめよう。自分の目で、まどの外のようすをたしかめるのも大切だ。

風でとびそうな物をしまう

あらかじめ、自転車やうえきばちなど、風でとばされそうな物を、家の中に入れる。

雨戸をしめる
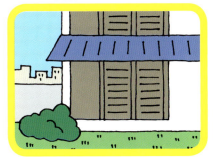
風でとばされた物が当たって、まどがわれるとあぶない。台風が来る前に雨戸をしめよう。

電気や水が止まるのにそなえる
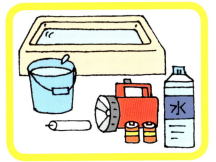
おふろやペットボトルに水をためたり、かいちゅう電灯や電池を用意したりしておこう。

出かけていたら早めに家へ帰ろう

台風が近づくと、電車やバスが止まる場合がある。出かけていたら、早めに家へ帰ろう。

たてものや車のドアのあけしめに気をつけよう

風で、とつぜんドアがしまり、指をはさまれることがある。注意しよう。

🔺 台風が通りすぎたあと、気をつけること 🔺

風でとばされた物がないか、家のまわりをたしかめよう。

雨水や落ち葉で、道路がすべりやすくなっているので注意。

川は水の量がふえ、海は波が高くなる。あぶないので、近づかない。

切れた電線を見つけたら、近づいたりせず、おとなに知らせよう。

防災　強い風

竜巻から身を守ろう

竜巻は、地上にある物を、うずの中にまきあげるので、通りすぎた場所には大きな被害が出る。早めにひなんすることが大切だよ。

写真提供：AFP＝時事

竜巻ってどんなもの？

竜巻は、積乱雲から地上や海面にのびる柱のような雲

日本では、ここ数年、竜巻の発生がふえている。竜巻が来るときの前ぶれは、かみなりが近づいているときと、よくにている。竜巻が近づいてからでは、ひなんするのがむずかしいので、前ぶれに気づいたら、すぐにひなんすることが大切だよ。

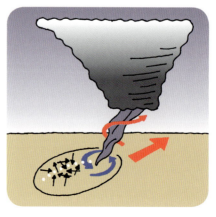

かみなりの原因となる積乱雲がはったつし、空気を強くすいあげると、竜巻が生まれる。

竜巻の前ぶれは？

黒い雲が近づく

かみなりの音が聞こえる

急につめたい風がふく

⚠ 竜巻から身を守ろう！ ⚠

家の中での身の守り方

- ○ 雨戸とまど、カーテンをしめる。まどがわれるとあぶないので、はなれよう。
- ○ おしいれの中やトイレなど、まどがない場所ににげる。
- ○ 頭とあしを守るために、ヘルメットをかぶり、スリッパをはく。

外での身の守り方

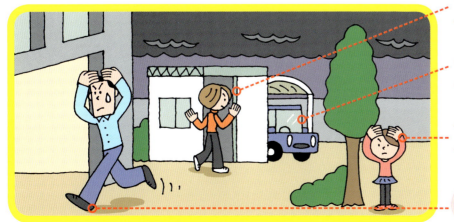

- × 物おきや車庫などは、風でこわれるかもしれないので、入らない。
- × 車は、風でとばされるかもしれないので、乗らない。
- × 大きな木は、たおれるきけんがあるので、近づかない。
- ○ 大きなビルなど、じょうぶなたてものの中に入る。

防災 大雪

大雪から身を守ろう

雪がたくさんつもって大雪になると、生活にえいきょうが出てしまうことがあるんだ。気をつけたいことを知っておこう。

電線に雪がたくさん積もっている。

雪ですべった車が道をふさいでいる。

❓ 大雪がふると、どうなる？

車が道を走れなくなる
スーパーマーケットに荷物を運ぶトラックなどが走れなくなるため、店に商品がならばなくなる。

電気が止まる
電線に雪がつもって切れると、電気が止まってしまう。電気が使えなくなる場合に、そなえなくてはいけない。

大雪になると、どんなことがあぶないの？

すべってあぶない！
地面がすべりやすくなるので、歩くときは注意しよう。すべりにくい、ゴムの長ぐつなどをはくといい。

標識や歩道が見えにくくなる
標識が雪で見えなくなる。また、歩道と車道のさかい目も見えにくくなるので、車に注意して歩こう。

道のはばがせまくなる
車道から取りのぞかれた雪がつまれて、歩道のはばがせまくなる。人とすれちがうときなどは気をつけよう。

屋根のそばに注意！
つららが急に落ちてくることがあるので、つららの下には立たない。また、屋根につもった雪が落ちてくることもあるので注意。

大雪にそなえて

➡100ページも見てね

道路に雪がつもると、買い物へ行くことがむずかしくなってしまうよ。また、車が道を走れなくなると、店に商品がならばなくなることもある。雪がつもる前に、食べ物や水をたくわえておくと安心だね。電気が使えなくなったときのために、かいちゅう電灯や電池、ランタンも用意しておこう。

防災 火山

火山の噴火にそなえよう

日本には、100以上の火山があるよ。火山の噴火にそなえて、どんな注意をしたらいいのかな？

これは鹿児島県にある桜島の写真。桜島では、毎日のように小さな噴火が起こる。

❓火山ってどんな山？

噴火するきけんがある山のこと

火山の地下には、ドロドロとしてとても熱い「マグマ」があるよ。火山は、マグマが地表にふきだす、噴火によってできた山。長い間噴火していない火山が、とつぜん噴火することもあるんだ。

火山に登るときの注意

服そうに気をつけよう

火山に登る前に、警報が出ていないか、かならずチェック。また、噴火が起きた場合にそなえた服そうで出かけよう。

- 噴火のときにとんでくる噴石から、頭を守るため、ヘルメットをかぶる。
- 噴火で、たくさんの灰が出る。すいこまないよう、防じんマスクを用意する。
- 手ぶくろをはめて、手を守る。

山に入る時間、山からおりる時間をつたえておこう

火山に登る前に、山に入る時間と、山からおりる時間を家族につたえておこう。登山の計画をまとめた「登山計画書」も、けいさつや家族などにわたそう。

➡127ページも見てね

ひなんする場所をさがしておく

噴火が起きたとき、ひなんできる山小屋があるかどうか、場所をたしかめておこう。

ひなんをするとき

噴火の警報が出たら、すぐひなんしよう

住んでいるまちや、登山中の山で、噴火の警報が出た場合は、すぐにひなんをはじめよう。火山からはなれた場所にも、火山灰がとんでくる場合があるので、注意しよう。

地上でひなんをするときも、服そうに注意しよう

地上まで、噴石や火山灰がとんでくる場合がある。ひなんするときはかならず、ヘルメットと防じんマスクをつけよう。

防災

もしものときに

家具のおき方を考えよう

たとえば、地震が起こったとき、本だななどの大きな家具が、ベッドの上にたおれてくると、たいへんだ。また、出入り口がふさがれないように、ドアのそばには、あまり物をおかないようにしよう。

生活にかかせないものをじゅんびしておこう

災害で、水道や電気が止まっても、こまらないように、食べ物や水などをたくわえておこう。家族が1週間、すごせる量を目安にしてね。

食べ物
ごはんや、食べると元気になるようなおやつも入れておく。

水
飲んだり、からだをふいてせいけつにしたりと、水はとても大切。家族みんなが、1週間はすごせる量を用意しておこう。

ランタン
電気が止まった場合にあかりとなる。

こうきんざい
手やからだをきれいにする。

非常用トイレ
トイレの水が流れなくなることもある。じゅんびしておこう。

トイレットペーパー
トイレだけでなく、手などをふくときにも使える。

そなえよう

災害はいつ起こるかわからない。こまらないように、じゅんびをしておこう。

ひなんぶくろを用意しておこう

ひなんするときにすぐ持ちだせるよう、「ひなんぶくろ」を用意しておこう。

ひとりにひとつ用意しよう

ひなんのとちゅうで、家族がはなればなれになったときのことを考えて、ひとりにひとつずつ用意する。

つめこみすぎない

物を入れすぎると、重くてひなんのじゃまになってしまう。からだのはばにおさまる量を目安にしよう。

ひなんぶくろに入れるもの

- ←水
- ↑食べ物
- ↑携帯トイレ
- 下着やくつ下→
- 服→
- ↑マスク
- ↑カイロ
- ↑タオル
- ↑手ぶくろ
- お金
- ふえ
- ↑ポケットティッシュ
- ↑ウェットティッシュ
- ↑レインコート
- けがを手当てするほうたいと三角きん
- ↑ヘッドライト
- おもちゃ

病気やけがから、からだを守るもの

あると安心なもの

リュックサックにつめこもう!

おはなしのポイント

子どもをねらう人のさそい文句は多様で、とっさに判断し、適切な対応をとるのはむずかしいものです。日頃から、知らない人と話すときはきょりをとること、どのようなさそい文句であっても、親の許可なしについていってはいけないことを伝えておきましょう。

知らない人と話すとき

悪い人とそうでない人を見分けるのは、むずかしいことだよ。
知らない人に話しかけられたら、どんなことに気をつければいいのかな？

知らない人と話すときのきょり

知らない人と話すときは、きょりをとることが大切だよ。おたがいに向きあって「前へならえ」をしたとき、指先がふれないくらいのきょりを目安にしよう。もし、相手が手をのばしても、とどかないきょりをたもつんだ。

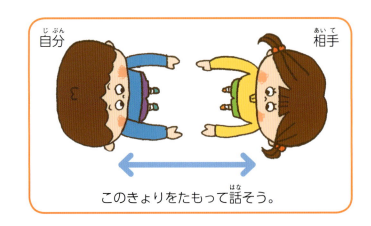

このきょりをたもって話そう。

さそわれても、ついていってはだめ！

悪い人は、さまざまな方法で、注意を引こうとするよ。しつこく声をかけられたときは、ていねいに、そしてきっぱりとことわろう。

知らない人から物をもらわない

知らない人が「あげる」と言っても、物をもらってはいけないよ。とくに、食べ物や飲み物は、中に何が入っているかわからないので、ことわれずにもらったとしても、ぜったいに口に入れてはいけないよ。

防犯 犯罪が起こる場所

こわい目にあいやすい場所は？

子どもをねらう人が、悪いことをしやすいのは、どんな場所なのかな？
学校や家の近くにあぶない場所がないか、たしかめてみよう。

だれでも入れて人目につかない場所

へいにかこまれたちゅうしゃ場や公園、ビルや高い木のかげになっている道路など。

こわいことが起きても、まわりから見えないよ

高いへいや木にかこまれていると、道路を通る人から中のようすが見えないよ。こわいことが起きても、まわりの人から気づかれにくく、あぶない場所なんだ。

たくさん人が集まる場所

遊園地やデパート、イベント会場など、たくさんの人でにぎわう場所。

たくさんの人にまぎれて、悪い人が入りやすいよ

遊園地やデパートは、だれでも入ることができる。また、楽しいことにむちゅうになっているときは、悪い人がいることに気がつきにくくなるんだ。

知ってる？「こども110番の家」

こども110番の家とは、子どもの安全を守ることに協力している家や店のこと。こわい目にあったときに、にげこむことができるよ。家や学校のまわりにあるかどうか、場所をたしかめておこう。

こども110番の家には目じるしのステッカーがはってある。タクシーや鉄道駅が、子どもの安全を守ることに協力している場合もある。

ごみや落書きが多い場所

ごみがちらかっていて、そうじされていない。落書きされても、そのままになっている場所。

まちの人の目がゆきとどいていないしるし

ごみや落書きがそのままになっているのは、まちの人たちが、気にしていないということ。こわいことが起きても、気づいてもらえないかもしれないよ。

人があまり通らない場所

人がほとんど通ることがなく、まわりにたてものが少ない場所。

こわい目にあっても気づいてくれる人がいない

人がまわりにいない場所では、こわいことが起こっても、だれかに助けてもらえないよ。なるべく、まわりに店や家がある道路を歩くようにしよう。

防犯　道路

道路を歩いているとき

学校やならいごとへ通うときは、どんなことに気をつければいいのかな？

道路は、こわい目にあいやすい場所？

声をかけやすい

道路は、悪い人が声をかけやすい場所。もし、人目につかない道路で声をかけられたら、知らんぷりをして通りすぎよう。

車で近づきやすい

悪い人のなかには、車を使って子どもに近づき、声をかける人もいる。見知らぬ車が近づいてきたら注意。

車に注意しよう！

とまっている車の近くを歩かない

もしかすると、とまっている車の中には、悪い人が乗っているかもしれない。中から人が出てきてもにげられるよう、車からはなれたところを歩こう。

車から、はなれて歩こう

声をかけられても、車に乗ってはだめ

悪い人の車に乗ってしまうと、遠くまでつれていかれるかもしれない。知らない人の車には、ぜったいに乗ってはだめ。

ガードレールのある道路を歩こう

ガードレールがあれば、車の中に引っぱりこまれる心配が少ない。なるべく、ガードレールのある道路を歩こう。

暗い時間に歩く場合

明るく、人通りのある道路を歩こう

夕方や夜に道路を歩くときは、少し遠まわりになったとしても、がい灯がついている、明るい道路を歩こう。また、人目につきやすい、人通りの多い道をえらぶことも大切だ。

できれば、おむかえに来てもらおう

夕方や夜は、あたりのようすが見えにくくなる。昼間はよく見えていた場所が、「人目につかない場所」にかわるんだ。家へ帰るころ、まわりが暗くなってしまったら、なるべく家の人にむかえに来てもらおう。

防犯 トイレ

トイレを使うとき

駅や店のトイレには、どんなきけんがあるのかな？
こわい目にあわないよう、注意したいことを見てみよう。

？ トイレは、こわい目にあいやすい場所？

だれでも入れる

トイレは、人が見ていないすきに、だれでも入ることができる。悪い人が入りやすい場所だ。

かくれる場所が多い

トイレには、まわりから見えない個室がたくさんある。悪い人が、かくれやすい場所だ。

⚠️ トイレに入るとき気をつけること ⚠️

ひとりでトイレに行かない

なるべく、おとなといっしょにトイレへ行こう。入るときは、女子トイレ、男子トイレの中までついてきてもらおう。

きちんとそうじされたトイレを使う

そうじがゆきとどいた、せいけつなトイレは、使う人が多いので、悪い人が利用しにくい。きれいなトイレをえらんで使おう。

中にあやしい人がいないかチェック

トイレに入る前に、中のようすをたしかめよう。なんとなくこわい感じがしたら、使うのをやめて、べつのトイレへ行こう。

入り口に近いトイレを使う

もしも、こわい目にあったとき、にげやすいように、入り口に近いトイレを使おう。入り口に近いと、「助けて！」という声もとどきやすい。

防犯　デパートや遊園地など

まいごになったらどうする？

出かけた先で、家族とはなれてしまったら、こまるよね。
あわてず行動できるように、家族とやくそくごとを決めておこう。

？ だれに助けてもらえばいいの？

まいごになったと気づいたら、まず、店や駅の係員に知らせよう。放送などを使って、家族をさがしてくれるよ。

近くの係員に助けてもらう

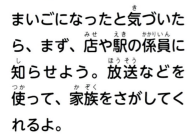

総合案内やまいごセンターへ行く

⚠️ まいごになったときのやくそく ⚠️

ひとりであちこち歩かない

あちこち歩いているうちに、人目につかない場所に行ってしまったらたいへんだ。とくに、階段のおどり場や、トイレの近くはこわい目にあいやすい場所なので、近づかないこと。

とくに、人目につかない場所へ行ってはだめ！

知らない人にさそわれてもついていかない

知らない人に、「あっちにお母さんがいたからつれていってあげる」「あっちにおもしろいゲームがあるよ」などと言われても、ぜったいについていってはいけないよ。

声をかけられてもついていってはだめ！

⚠️ まいごになってもこまらないように…… ⚠️

待ちあわせ場所を決めておく

もしもはぐれてしまったときに、待ちあわせする場所を家族と決めておこう。目じるしがある、わかりやすい場所にしよう。

名前、住所、電話番号をはっきり言おう

係員の人に家族をさがしてもらうときは、落ちついて、自分の名前をつたえよう。住所や電話番号も言えると、安心だ。

防犯　デパートや遊園地など

たくさんの人が集まる場所

遊園地やデパート、おまつりの会場など、いろいろな人が集まる場所では、どんなことに注意すればいいのかな？

? 人が集まる場所は、どうしてあぶない？

だれでも入れる
多くの人が出入りする場所なので、悪い人が、人目を気にせずに、入ることができる。また、たくさんの人にまぎれて、目立ちにくい。

ほかの人のことを気にかけない
楽しい出し物などに注目が集まっているときは、こわいことが起きても、なかなかほかの人に気がついてもらうことができない。

人が集まる場所で、人目につきにくいのはどこ？

たくさんの人が集まる場所の中にも、人通りが少なく、人目につきにくい場所があるよ。どんな場所かな？

トイレ

すいているトイレは、悪い人が入りこみやすい場所だ。トイレに行くときは、なるべくおとなについてきてもらおう。

階段のおどり場

エレベーターがあるたてものでは、階段を使う人が少ない。階段は「人目につきにくい場所」だ。ひとりでは行かないこと。

物かげ

物かげは、悪い人がかくれやすい場所だ。遊園地の遊具のかげや、おまつり会場の屋台のうらなどには、注意しよう。

ちゅうしゃ場

たくさんの車がとまっていて、かくれることのできる物かげが、たくさんある場所といえる。ひとりで行かないようにしよう。

⚠ 人が多い場所で助けをよぶには ⚠

だれに助けてほしいか、声に出そう

人が多い場所で助けをよぶときは、「そこのめがねのおじさん、助けて！」などと、だれに助けてほしいのかわかるようにしよう。悪い人がその人のほうを見て、動きを止める場合がある。そのすきに、走ってにげよう。

防犯 げんかん・エレベーター

家に入るとき

家に入るときも、こわい目にあわないように気をつけよう。
とくに、家族がるすのときは、注意してね。

❓ 悪い人がねらうのはどんな家?

**おとながいない家のほうが
ねらいやすい**

おとながいる家よりも、子どもがひとりでいる家のほうが、悪い人にとっては、ねらいやすいんだ。おとながいない時間に帰るときは、注意しなくてはいけないよ。

家に入るとき、こわい目にあわないポイント

カギは見えないところにつける

カギが外から見えると、家に人がいないとわかってしまう。ベルト通しにチェーンでつなぎ、ポケットに入れるなどしよう。

まわりに人がいないかたしかめる

家に入る前に、あたりを見回して、あやしい人がいないかたしかめよう。注意されていると思うと、悪い人が近よりにくい。

インターホンを鳴らす

家に入る前に、インターホンを鳴らそう。家の中にだれかがいるように見せかけるためのくふうだ。

「ただいま」と言って家に入る

家の中にはだれもいなくても、まるでだれかがいるように、「ただいま」と言って、中に入ろう。

エレベーターに乗るとき

なるべくひとりで乗らない

エレベーターは、まわりから中のようすが見えないあぶない場所だ。なるべく、ひとりでは乗らないようにしよう。

ボタンの前に立つ

何かあったら、すぐ非常ボタンがおせるようにボタンの前に立つ。うしろからおそわれないよう、せなかを見せないようにしよう。

防犯 家の中

るすばんをするとき
子どもだけで家にいるとき、だれかが来たらどうする？
こわい目にあわないように、ポイントを知っておこう。

⚠️ 人がたずねてきたら ⚠️

返事をしないでおこう
インターホンが鳴っても、ドアをあけたり、こたえたりせず、そのまま放っておこう。こたえてしまうと、家にいるのは子どもだけだと、わかってしまう。たくはいびんなどが来ても、返事をしなくてだいじょうぶだよ。

電話が鳴ったら

電話はとらないでおこう

電話に出ると、家には子どもしかいないのだと、わかってしまう。電話の相手は、悪い人かもしれないから、気をつけよう。

電話の音が気になっても、そのまま放っておこう。

家族からの電話がわかるようにしておこう

たとえば、電話がかかってきたら、名前が出るようにしたり、るすばん電話をセットしたりと、家族からの電話が、わかるようにしておこう。相手が家族だとすぐわかれば、安心して電話をとることができるね。

家族からの電話は、見てわかるようにしておく

るすばん電話をセットしておく

見た目で「いい人」か「悪い人」かはわからない

見た目や服そうだけで、いい人か、悪い人かは見分けられない。たとえば、るすばんをしているときに、やさしそうな女の人や、スーツやせいふくを着たまじめそうな人が来ても、じつは、悪い人がだまそうとしているかもしれない。見た目でいい人と悪い人を決めつけて、行動するのはあぶないよ。

だれがいい人？ 悪い人？

防犯　家の外

こわい！と感じたら

人にからだをつかまれるなど、こわい！と感じるピンチのときは、どうすればいいんだろう？

からだをつかまれたら？

「田中さん　たすけて！」

こわいと感じたら、なるべく大きな声でさけぼう。「きゃー」と言うより、「〇〇さん、助けて！」と言うと、悪い人は、近くに人がいるのかとびっくりする。すきを見つけてにげよう。

声を出しつづけよう

こわい目にあうと、大きな声が出ないこともある。小さな声でもいいので、あきらめずに声を出しつづけよう。だんだんと、声が出てくることもあるよ。

防犯ブザーを身につけよう

防犯ブザーは、ひもを引っぱるだけで、大きな音が出る。声が出なかったときのために、身につけておくといいよ。ピンチのとき、すぐ使えるように、使い方を練習しておこう。

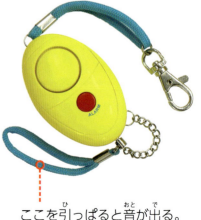

ここを引っぱると音が出る。

こわいと感じたらにげよう！

たとえば、知らない人が近づいてきたとき、少しでもこわいと感じたら、相手とのきょりがあるうちににげて、助けをもとめよう。

こんな場所に助けをもとめよう

コンビニエンスストア

こども110番の家

交番

図書館や公民館

服そうにも気をつけよう

こわい目にあわないようにするには、服そうにも注意しよう。防犯ブザーを見えるところにつけるなど、「防犯に注意している」ことが、外から見てわかるようにするのがポイントだよ。

- 防犯ブザーは、かばんのかたひもや、ズボンのベルト通しなど、きき手がとどきやすい場所につける。
- 防犯ブザーは、見えやすいところにつける。
- はだが、あまり見えない服を着る。
- 女の子は、スカートをはくとき、下にスパッツなどをはくといい。

こんなときどうする？

うでをつかまれてしまった！

手首をつかまれたら、まず手をひらいて……。

ひじを曲げながら、上に「ポン」と引きぬく。

にげられない場所に追いこまれた！

行き止まりに追いこまれたときは、地面にゴロンところがって、あしをバタバタさせよう。あしで、悪い人の手をけるようにするんだ。すきを見つけてにげよう。

防犯 携帯電話・スマートフォン

防犯に役立つ！
携帯電話・スマートフォン

携帯電話やスマートフォンは、うまく使えば、防犯にも役立つべんりなものだ。家族と相談して、ルールを決めて使おうね。

❓ 携帯電話とスマートフォンのいいところは？

れんらくがとりやすい

家族につたえたいことがあるときなどに、電話やメールで、すぐれんらくができる。たとえば、外出先を出た時こくなどをつたえることができる。

いばしょを家族につたえられる

駅のかいさつを通ったときや、学校や塾に着いたとき、家族に知らせが入るサービスがあるよ。家族に、自分がどこにいるのか、知っていてもらえると安心だね。

自分の情報を知られないようにしよう

インターネットは、だれでもすぐに、利用できるね。それは、悪い人にとっても同じ。インターネットにのせた情報は、悪い人に見られている場合があるんだ。

れんらく先を教えない

名前やメールアドレスを入力すると、悪い人にれんらく先を知られてしまうかもしれない。書きこむ前に、家族に相談しよう。

勝手にアプリを入れない

アプリを入れると、いっしょにウイルスがついてきて、情報をぬすまれることがある。勝手にダウンロードしない。

勝手に写真をのせない

写真をインターネット上にのせる場合、写っている物やスマートフォンの位置情報サービスによって、家の場所などを知られてしまうことがある。家族に相談してからのせよう。

こんなときどうする?

知らない人からメールや電話が来た

メールや電話で、知らない人から使ったおぼえのないお金をはらうように言われたり、会おうと言われたりしても、ぜったいに返事をしたり、会ったりしてはいけない。どうしたらいいのかまよったら、すぐおとなに相談しよう。

悪い人からのれんらくかもしれない。返事をしてはだめ。

悪い人が送っている、うそのメールかもしれない。

おうちの方へ

子どもを事故や災害、犯罪から守るために、おとなが知っておきたいことをまとめました。

交通安全

自転車に乗る子どもに法律を守る意識を

道路交通法で、自転車は車と同じ「車両」とされています。公園で三輪車に乗っていた子どもも、自転車で道路を走るようになると、法律で定められた交通ルールを守らなくてはいけなくなります。自転車に乗るようになった子どもには、「法律」を守らなくてはいけない立場だという意識を持たせることが大切です。

知ってる？ TSマーク付帯保険

TSマークとは自転車安全整備士が点検整備した普通自転車に貼られるもの。自転車事故を補償する傷害保険と賠償責任保険がついています。TSマークには青色マークと赤色マークの2種類があり、おもな保証内容は下記の通りです。

▲第一種TSマーク（青色マーク）

▲第二種TSマーク（赤色マーク）

【傷害補償】
自転車に乗っている人が、交通事故によって180日以内に入院、死亡または重度後遺障害を負った場合に支払われる。

種別	死亡もしくは重度後遺障害（1～4級）	入院（15日以上）
青色マーク	30万円	1万円
赤色マーク	100万円	10万円

【賠償責任補償】
自転車に乗っている人が、第三者に死亡、または重度後遺障害を負わせたことで法律上の損害賠償責任を負った場合に支払われる。

種別	死亡もしくは重度後遺障害（1～7級）
青色マーク	1000万円
赤色マーク	5000万円

保険の有効期間は、TSマークに記載されている点検整備の日から1年間です。1年おきに自転車の点検整備を行う意味でも、加入をおすすめします。

生活安全

不慮の事故から子どもを守るために

1960年代以来、1～14歳の死亡原因の1位は「不慮の事故」です。子どもはけがをしながら身の守り方をおぼえる一面がある一方、からだや心に重大な影響をおよぼすような事故は、防がなくてはいけません。

小学校入学前後の子どもは運動量が増え、遊具での遊び方ひとつとっても変わります。下のグラフは、場所別・年齢別に、遊具事故によって救急搬送された人数をまとめたものですが、6歳以上の子どもは公園や広場に加え、学校や児童館などで事故にあう人数が増えていることがわかります。

参考：平成19～23年 東京消防庁発表資料

小学校への入学後は、慣れない遊具で遊ぶ機会も多いため、遊ぶときには十分注意するよう伝えましょう。

ライターでの火遊びを防ぐ

ライターでの火遊びによる火事は、平成16～20年の5年間に政令指定都市で約1300件発生しました。このうち500件以上が12歳以下の子どもによるものです。これを受け、現在は子どもが簡単に操作できない「PSCマーク」のついたライターが販売されています。PSCマークがついていても、ライターは子どもの手が届かない場所に置く、不要な分は処分するなど、おとなが注意を払うことを忘れないようにしましょう。

防災

自宅や学校はどんな土地にある？

　災害が起こったとき、被害状況に大きく関わるのが、自宅や学校がどのような土地に建てられたのかということです。

　例えば、かつて海や湿地だった場所を埋め立てた土地は地盤が弱いため、陥没や液状化現象が起こりやすく、地震によって家屋が傾いたり、倒壊したりするおそれがあります。

　各地方自治体では、自然災害によって被害が出やすい場所や、避難場所の位置をまとめたハザードマップを作成していますので、一度確認しておきましょう。また、その土地に長く住む人に、過去の災害での被害について、話を聞いておくことも、有効な手段です。

山に登る前に「登山計画書」を出そう

　登山計画書は別名を「登山届」ともいいます。登山のルートや必要な装備、山に入る人の氏名・連絡先を記入し、都道府県の警察本部や家族、友人などに提出します。

　登山計画書を書く第一の目的は、無計画な登山による事故を防ぐことですが、山で災害や事故が起きた場合は、登山計画書に書かれた氏名や連絡先が捜索に役立ちます。山に登るときは必ず提出しましょう。

　登山計画書の提出先は「日本山岳協会 http://www.jma-sangaku.or.jp/tozan/」のウェブサイトから確認できます。

▶登山計画書の様式。日本山岳協会のウェブサイトから手に入れることができる。

防犯

地域のおとなが協力して子どもを守る

　子ども自身が注意することはもちろん必要ですが、おとなが地域ぐるみで子どもを見守り、安心して過ごせる環境をつくることも大切です。

　買い物や通勤の途中、もしもひとりで遊んでいる子どもや迷子の子どもがいたら、近くに保護者がいないか確認してください。見当たらなければ「早く帰らないとあぶないよ」などと声をかけましょう。その際、子どもを警戒させないよう、ある程度のきょりをとりましょう。また、迷子などおとなの助けが必要なときは、連れ去りに間違えられないよう、ひとりで対応せず、施設の職員など第三者に応援を求めます。

　子どものまわりに「多くの人の目がある」と犯罪者に意識させることが、犯罪の抑止につながります。ふだんから、地域の子どものようすに目を配るようにしましょう。

携帯電話・スマートフォンの利用にルールを

　道具は使いながら操作を覚えるものですが、携帯電話とスマートフォンに関しては、使いはじめる前にルールを設けておくことが大切です。使用時間や使用場所、料金のことに加え、インターネット上に写真や記事を公開する際はおとなにひとこと相談することなど、子どもとの間でルールを決めておきましょう。

　また、子どもの携帯電話やスマートフォンには、有害なサイトへのアクセスを制限する「フィルタリング」を利用することをおすすめします。フィルタリングをかける際、携帯電話は携帯電話回線に、スマートフォンの場合は、携帯電話回線と無線LAN回線に制限をかける必要があります。

さくいん

■……交通安全　■……生活安全　■……防災　■……防犯

171ダイヤル	79
ウイルス	48、58、60、61、62、63、125
うがい	63
えいよう	63、64、65
横断歩道（おうだんほどう）	11、12、14、15、24、33
ガードレール	16、111
階段（かいだん）	50、115、117
カギ	21、119
家具のおき方（かぐのおきかた）	100
火災警報器（かさいけいほうき）	83
火事（かじ）	52、53、70、73、76、77、82、83
休けい（きゅうけい）	39、42、43
携帯電話（けいたいでんわ）	79、124
公衆電話（こうしゅうでんわ）	31、79、82
交通事故（こうつうじこ）	11、14、26、27
交通ルール（こうつうルール）	9、22、23、24、26
こども110番の家（こどもひゃくとおばんのいえ）	109、123
細菌（さいきん）	58、60、61、62、63
シートベルト	28、29
自転車横断帯（じてんしゃおうだんたい）	25、33
自転車ほけん（じてんしゃほけん）	27
車両（しゃりょう）	22、32
消火器（しょうかき）	83
知らない人（しらないひと）	102、103、104、105、106、107、111、115、123、125
信号（信号機）（しんごう・しんごうき）	9、12、13、15、26、33
水道（すいどう）	57、80、89、100
スマートフォン	30、124、125
せき	58、61、62
積乱雲（せきらんうん）	86、94
ちゅうしゃ場（ちゅうしゃじょう）	18、19、108、117
津波（つなみ）	45、69、72、73、74、77、84、85
津波警報（つなみけいほう）	85
手当て（てあて）	47、48、49、56、57、101
電気（でんき）	51、73、80、81、88、89、93、96、97、100
電気せいひん（でんきせいひん）	51、89
天気予報（てんきよほう）	35、45、87、93
電車（でんしゃ）	30、31、73、75、80、89、93
ドア	18、29、50、76、93、100、120
トイレ	80、95、100、101、112、113、115、117
道路標識（標識）（どうろひょうしき・ひょうしき）	12、13、17、25、32、33、97
土砂災害警戒情報（どしゃさいがいけいかいじょうほう）	91
とびだし（とびだす）	9、10、16、17、74
熱（ねつ）	39、58、60、61、62
熱中しょう（ねっちゅうしょう）	39
ハザードマップ	72、87、91
鼻水（はなみず）	58、59
ひなん	71、76、77、82、84、85、87、89、91、94、99、101
避難所（ひなんじょ）	81、87
避難場所（ひなんばしょ）	70、71、72、73、85
119番（ひゃくじゅうきゅうばん）	82
日やけ（ひやけ）	39
ふみきり	31、33
プラットホーム	30
噴火の警報（ふんかのけいほう）	99
歩道（ほどう）	12、15、16、17、19、22、25、31、97
曲がり角（まがりかど）	16、23、26、27
まきこみ事故（まきこみじこ）	19、55
マスク（防じんマスク）（マスク・ぼうじんマスク）	58、59、63、99、101
やけど	48、51、52、53、57、83
遊具（ゆうぐ）	40、41
指をはさむ（指をはさまれる）（ゆびをはさむ・ゆびをはさまれる）	29、50、55、93
余震（よしん）	76、81
予防接種（よぼうせっしゅ）	61
ライフジャケット	35、37、38
リュックサック	31、41、71、101
レインウェア（レインコート）	92、101

[監修] **国崎 信江**（くにざき のぶえ）

危機管理アドバイザー。女性と子どもの視点から、防災、防犯、事故防止対策を研究している。文部科学省「地震調査研究推進本部政策委員会」「防災科学技術委員会」委員。著書に『【増補版】地震から子どもを守る50の方法』（ブロンズ新社）、『狙われない子どもにする！親がすべきこと39』（扶桑社）など。

[編集・構成]
中根会美（オフィス303）

[装丁・本文デザイン]
倉科明敏（T.デザイン室）

[表紙イラスト・本文おはなし]
田中六大

[イラスト]
杉原知子（p14-19）、和久田容代（p20-31）、
亀澤裕也（p38-46）、黒崎玄（p50-57）、
えだかのん（p58-67）、さかもとすみよ（p72-85）、
バーヴ岩下（p86-101）、常永美弥（p106-117）、
あおきひろえ（p118-125）

[本文DTP]
オフィス303

[協力]
警視庁、サンスター、柴田佳秀、
田中秀朋（あかちゃんとこどものクリニック）

[写真提供]
安全企画工業、角利産業、気象庁、高知県須崎市、日本交通管理技術協会、ピースアンドキューズ、photolibrary、ブリヂストンサイクル、ミドリ安全

本書に掲載されている情報のうち、注意書きのないものは2015年1月現在のものです。

こどもあんぜん図鑑

2015年2月25日　第1刷発行
2021年9月6日　第2刷発行

編　　　講談社
監　修　国崎 信江
発行者　鈴木 章一
発行所　株式会社　講談社
　　　　〒112-8001　東京都文京区音羽2-12-21
　　　　電話（編集部）03-5395-3534
　　　　　　（販売部）03-5395-3625
　　　　　　（業務部）03-5395-3615
印刷所　共同印刷株式会社
製本所　大口製本印刷株式会社

落丁本・乱丁本はご面倒ですが、購入書店名を明記のうえ、小社業務部あてにお送りください。送料小社負担にておとりかえいたします。なお、この本についてのお問い合わせは、児童局幼児図書出版部あてにお願いいたします。本書のコピー、スキャン、デジタル化等の無断複製は著作権法上での例外を除き禁じられています。本書を代行業者等の第三者に依頼してスキャンやデジタル化することはたとえ個人や家庭内の利用でも著作権法違反です。定価はカバーに表示してあります。

★予想外の事故（紙の端で手や指を傷つける等）防止のため、保護者の方は書籍の取り扱いにご注意ください。

©KODANSHA 2015　Printed in Japan
ISBN978-4-06-219304-7　N.D.C.379　128p　27cm